미래와 통하는 책

동양북스 외국어
베스트 도서

700만 독자의 선택!

새로운 도서, 다양한 자료 동양북스 홈페이지에서 만나보세요!

www.dongyangbooks.com
m.dongyangbooks.com

※ 학습자료 및 MP3 제공 여부는 도서마다 상이하므로 확인 후 이용 바랍니다.

홈페이지 도서 자료실에서 학습자료 및 MP3 무료 다운로드

PC

❶ 홈페이지 접속 후 도서 자료실 클릭
❷ 하단 검색 창에 검색어 입력
❸ MP3, 정답과 해설, 부가자료 등 첨부파일 다운로드
* 원하는 자료가 없는 경우 '요청하기' 클릭!

MOBILE

* 반드시 '인터넷, Safari, Chrome' App을 이용하여 홈페이지에 접속해주세요. (네이버, 다음 App 이용 시 첨부파일의 확장자명이 변경되어 저장되는 오류가 발생할 수 있습니다.)

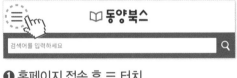

❶ 홈페이지 접속 후 ☰ 터치

❷ 도서 자료실 터치

❸ 하단 검색창에 검색어 입력
❹ MP3, 정답과 해설, 부가자료 등 첨부파일 다운로드
* 압축 해제 방법은 '다운로드 Tip' 참고

중국어와 친해지기 위한 첫걸음

프렌즈 중국어

서선화 · 감건 지음

1

동양북스

프렌즈 중국어 ❶

초판 인쇄 | 2023년 6월 5일
초판 발행 | 2023년 6월 15일

지은이 | 서선화, 감건
발행인 | 김태웅
편집주간 | 박지호
편 집 | 김상현, 김수연
디자인 | 남은혜, 김지혜
일러스트 | 조은정
마케팅 | 나재승
제 작 | 현대순

발행처 | (주)동양북스
등 록 | 제 2014-000055호
주 소 | 서울시 마포구 동교로22길 14 (04030)
구입 문의 | 전화 (02)337-1737 팩스 (02)334-6624
내용 문의 | 전화 (02)337-1762 dybooks2@gmail.com

ISBN 979-11-5768-924-8 14720
       979-11-5768-925-5 (세트)

머리말

2021년 3월, 중국 교육부와 국가어언문자공작위원회 国家语言文字工作委员会는『국제 중국어 교육 중국어 수준 등급 표준 国际中文教育中文水平等级标准(이하 '표준')』을 발행하고, 공인 중국어 능력 시험인 한어수평고시에 대한 개편안(HSK3.0)과 구체적인 평가 방식에 대해 발표했습니다.

『표준』에서는 중국어 학습자의 능력을 '3단계 9레벨 三等九级'로 구분합니다. 음절·한자·어휘·문법의 기본적 요소를 중심으로 언어 구사 능력, 테마별 과제 및 언어의 정량 지표를 기준으로 평가하고, 학습자의 듣기·말하기·읽기·쓰기·번역의 정성 지표를 통해 중국어 수준을 정확하게 측정할 것이라고 명시되어 있습니다.

『표준』의 지침에 따라 학습자가 중국어를 효과적으로 학습할 수 있도록 하고, 그 과정에서 중국어 능력을 종합적으로 향상시킬 수 있는 방법을 모색하는 것은 모든 중국어 교사의 공통 관심사가 되었습니다. 그리고『표준』을 반영한 교재가 나온다면 이러한 요구를 충족할 수 있지 않을까 하는 생각에『프렌즈 중국어』를 집필하게 되었습니다.

『프렌즈 중국어』는 중국어 학습자의 듣기·말하기·읽기·쓰기에 대한 포괄적 활용 능력을 강화하는 것을 목표로 합니다. 본문은 상황별 대화를 중심으로 듣기·말하기 같은 언어적 기능을 향상시키는 데 주안점을 두었습니다. HSK3.0의 어휘를 중심으로 가장 실용적인 중국어 표현과 문법을 제시하고, 학습자들이 쉽고 재미있게 중국어를 배울 수 있도록 구성했습니다. 연습문제 파트에도 HSK3.0에 등장하는 문제 유형을 도입했으며, 학생들이 본문에서 배운 내용을 한 번 더 학습하면서 내 것으로 만들 수 있도록 했습니다. 워크북은 학생들의 읽기·쓰기·번역 능력 훈련에 중점을 두었습니다. 앞서 배운 어휘와 문장들을 해당 수업 시간 내에 확실히 익히고 넘어갈 수 있도록 다양한 유형의 연습 문제를 제시했습니다. 이처럼『프렌즈 중국어』는 중국어 학습자들이 듣기·말하기·읽기·쓰기·번역 능력을 종합적으로 향상시키고, 영역별로 골고루 학습할 수 있도록 구성되어 있습니다.

십 수년간 교육 현장에서 중국어를 가르쳐 온 저희는 그동안의 경험과 노하우를 바탕으로 학습자들이 쉽고 재미있게 중국어를 학습할 수 있도록 많은 노력을 기울여 왔습니다.『프렌즈 중국어』를 수업 현장에서 시범 사용하면서 교사들의 피드백과 학생들의 수용 능력에 따라 수차례 수정 과정을 거쳤고, 그렇게 교재를 완성하게 되었습니다. 이 책을 통해 여러분이 중국어가 어렵다는 편견을 벗어버리고, 중국어의 '프렌즈'가 될 수 있기를 바랍니다.

마지막으로『프렌즈 중국어』를 세상에 선보이기까지 편찬을 지원해 주신 모든 선생님들과 이 교재의 편집과 출간에 기여해 주신 동양북스 편집부, 특히 모든 과정에서 적절한 피드백과 조언을 해주신 신효정 과장님께 진심 어린 감사를 드립니다.

서선화, 감건

차례

학습 내용

이 책의 활용

도입

각 과의 학습 목표와 기본 표현을 제시하여 해당 과에서 배울 내용을 미리 확인할 수 있도록 하였습니다.

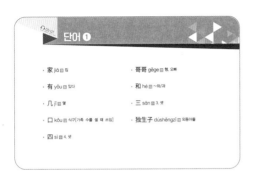

단어

본문에 나오는 단어를 미리 익혀 본문에 대한 이해도를 높일 수 있도록 하였습니다. 하단에 중국어로 써 볼 수 있는 칸을 제시하여 학습자가 단어 학습 결과를 스스로 진단할 수 있도록 하였습니다.

회화

각 과의 주제와 관련된 2개의 상황으로 구성해 꼭 필요한 표현들만 제시하였습니다. 하단에 중국어로 써 볼 수 있는 칸을 제시하여 학습자가 본문 표현의 학습 결과를 스스로 진단할 수 있도록 하였습니다.

해설

회화에 나오는 주요 표현과 문법을 더욱 쉽게 이해할 수 있도록 다양한 예문과 함께 제시하였습니다. 새로운 단어의 뜻을 페이지 하단에 배치해 학습의 편의를 극대화할 수 있도록 하였습니다.

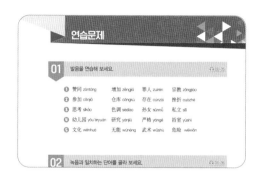

연습문제

각 과에서 학습한 주요 어휘와 문장을 다양한 문제를 통해 다시 한번 확인할 수 있도록 하였습니다. HSK3.0의 문제 유형을 도입해 듣기·쓰기·말하기 활용 능력을 향상시킬 수 있도록 하였습니다.

플러스 표현

학습 내용과 관련된 어휘들을 추가로 제시하여 더욱 풍부한 표현을 할 수 있도록 구성하였습니다.

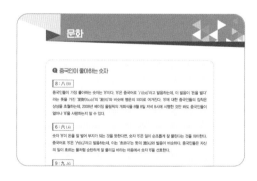

문화

각 과의 주제와 관련된 흥미로운 중국 문화 이야기를 통해 실제 중국을 이해하는 데에 도움이 될 수 있도록 구성하였습니다.

★ 워크북

'간체자 쓰기' 페이지는 초보 학습자에게 필요한 간체자 연습과 단어 학습을 동시에 진행할 수 있도록 구성하였습니다. '듣고 따라 쓰기', '듣고 빈칸 채우기', '중국어로 써 보기' 등 다양한 유형의 연습문제를 통해 듣기와 쓰기 훈련이 동시에 이루어질 수 있도록 하였습니다.

★ 원어민 MP3

학습에 필요한 음원을 원어민 발음으로 들어볼 수 있습니다. QR코드를 스캔해 언제 어디서나 다운로드 없이 들을 수 있고, 동양북스 홈페이지 자료실에서도 파일을 다운로드 할 수 있습니다.

MP3 바로 듣기

일러두기

품사 약어

대명사	대	명사	명	동사	동
조동사	조동	형용사	형	부사	부
개사(전치사)	개	양사	양	수사	수
접속사	접	조사	조	접미사	접미

고유명사 표기

지명의 경우, 중국어 발음을 한국어로 표기하는 것으로 한다. 그러나 한자 독음이 더 친숙한 고유명사는 한국식 한자 독음으로 표기한다.

예 北京 Běijīng 베이징　　頤和園 Yíhéyuán 이화원

인명의 경우, 한국 사람의 이름은 한국어 발음으로, 중국 사람의 이름은 중국어 발음으로 표기한다.

예 金明哲 Jīn Míngzhé 김명철　　王平 Wáng Píng 왕핑

등장인물 소개

김명철(金明哲 Jīn Míngzhé)
한국인
중국어를 배우는 학생

리리리(李丽丽 Lǐ Lìli)
중국인
한국에 온 교환학생

왕핑(王平 Wáng Píng)
중국인
한국에 온 교환학생

장 선생님(张老师 Zhāng lǎoshī)
중국인
한국에서 중국어를 가르치는 선생님

중국어의 발음

중국어의 기초 발음을 익힌다.

중국어 기초 상식

성모와 운모의 개념

성조와 성조 변화

한어병음 표기 규칙

중국어 기초 상식

보통화

중국어는 중국 인구 중 가장 높은 비율을 차지하는 한족이 사용하는 언어라고 해서 한어(汉语 Hànyǔ)라고 불린다. 베이징음을 표준으로 하고, 북방 지역 방언을 기초 방언으로 한 표준 중국어를 보통화(普通话 pǔtōnghuà)라고 한다.

간체자

중국의 한자는 한국에서 평소에 사용하는 한자와는 조금 다른 모양을 가지고 있다. 중국 정부에서 번체자(繁体字 fántǐzi)가 획순이 많고 익히기 어려워 문맹률이 높다는 점을 고려하여 1956년에 번체자를 간소화시킨 간체자(简体字 jiǎntǐzi)를 만들었다.

한어병음

중국어는 한글과 달리 글자만 보고는 어떻게 읽는지 알 수 없다. 그래서 누구나 쉽게 읽을 수 있게 발음을 알파벳으로 표기하는데, 이를 한어병음(汉语拼音 Hànyǔ Pīnyīn)이라고 한다. 한어병음은 한국어의 자음 역할을 하는 성모(声母 shēngmǔ), 모음 역할을 하는 운모(韵母 yùnmǔ), 음의 높낮이를 나타내는 성조(声调 shēngdiào)로 이루어져 있다.

성모

성모(声母 shēngmǔ)는 중국어 음절의 첫 부분으로, 한국어의 자음에 해당한다. 단독으로 소리 낼 수 없고 운모와 결합해야만 소리를 낼 수 있다.

b(o) p(o) m(o)	**쌍순음**: 윗입술과 아랫입술을 붙였다 떼면서 내는 소리
f(o)	**순치음**: 윗니를 아랫입술에 살짝 붙였다 떼면서 영어의 'f'처럼 내는 소리
d(e) t(e) n(e) l(e)	**설첨음**: 혀끝을 윗잇몸 안쪽에 붙였다가 떼면서 내는 소리
g(e) k(e) h(e)	**설근음**: 혀뿌리가 입천장 뒤쪽에 가까이 닿으면서 마찰을 통해 내는 소리
j(i) q(i) x(i)	**설면음**: 혓바닥을 입천장 앞부분에 가깝게 붙이면서 윗니와 아랫니 사이로 바람을 내보내는 소리, 우리말의 '치'와 비슷한 발음
z(i) c(i) s(i)	**평설음**: 혀를 평평하게 만들어 혀끝이 윗니 잇몸 쪽에 닿을 듯하면서 내는 소리 풍선에서 바람이 빠질 때 나는 '스~으' 소리와 비슷한 발음
zh(i) ch(i) sh(i) r(i)	**권설음**: 혀끝을 말아서 입천장 가까이 대면서 마찰을 통해서 내는 소리 한국어의 '르'와 비슷한 발음

운모(韵母 yùnmǔ)는 중국어 음절의 성모를 제외한 부분으로 한국어의 모음에 해당한다.

| 단운모 | 가장 기본이 되는 운모 |

a	입을 크게 벌리고 한국어의 '아'와 비슷하게 발음한다.
o	입모양은 한국어의 '오'로 하되, '오'와 '어'의 중간음인 '오~어'로 발음한다.
e	한국어의 '어'와 비슷하지만, 앞에 조그맣게 '으' 소리를 더해 '으~어'로 발음한다.
i	한국어의 '이'처럼 발음하되, 입을 옆으로 벌려 발음한다.
u	한국어의 '우'처럼 발음하되, 입술을 좀 더 오므려서 발음한다.
ü	한국어의 '이'와 '위'의 중간 발음으로, 입술을 동그랗게 오므린 상태로 '위'로 발음한다.

복운모 두 개 이상의 모음으로 이루어진 운모

비운모 콧소리, 즉 비음이 들어가는 특징을 가진 운모

권설운모 혀끝을 말아 올려 발음하는 운모

단운모	복운모	비운모	권설운모
a	ai ao	an ang	
o	ou	ong	
e	ei	en eng	er
i	ia ie iao iou	ian iang in ing iong	
u	ua uo uai uei	uan uen uang ueng	
ü	üe	üan ün	

❗ 운모에 관한 규칙

➊ '−a'는 대부분의 경우 '−아'로 발음하지만 'ian'과 'üan'에서는 '−아'가 아닌 '−애'로 발음한다.

　예 dian　　yuan

➋ '−e'는 대부분의 경우 '−(으)어'로 발음하지만 'i'나 'ü'와 만나면 '−에'로 발음한다.

　예 hei　　pie　　xue

➌ '−i'는 대부분의 경우 '이'로 발음하지만 성모 'z, c, s, zh, ch, sh, r'와 만나면 '으'로 발음한다.

　예 zi　　chi　　si

➍ 성모 'j, q, x' 뒤에 'ü'가 올 때는 점을 생략하고 'u'로 표기하지만 읽을 때는 'ü'로 발음해야 한다.

　예 ju　　xue　　quan

➎ 성모와 연결되지 않고 'i, u, ü'로 시작하는 발음은 'i'는 'y'로, 'u'는 'w'로, 'ü'는 'yu'로 표기한다.

　예 ia ➡ ya　　　　ian ➡ yan　　　　iao ➡ yao
　　　uo ➡ wo　　　ua ➡ wa　　　　uen ➡ wen
　　　ü ➡ yu　　　　üan ➡ yuan　　　ün ➡ yun

➏ 복운모 중 'iou', 'uei', 'uen'이 성모와 연결될 때 가운데의 'o, e'는 빼고 표기한다.

　예 d + iou ➡ diu　　　g + uei ➡ gui　　　k + uen ➡ kun

한어병음 자모표

성모					
	b	p	m	f	
	d	t	n	l	
	g	k	h		
	j	q	x		
	z	c	s		
	zh	ch	sh	r	

운모					
	a	o	e	i	u	ü
	ai	ei	ao	ou	
	ia	ie	iao	iou	
	ua	uo	uai	uei	
	üe				
	an	en	ang	eng	
	ian	in	iang	ing	
	uan	uen	uang	ueng	ong
	üan	ün	iong		
	er				

성조

성조(声调 shēngdiào)란 음의 높낮이를 말한다. 중국어에는 4개의 성조와 경성이 있으며, 성조 부호는 운모 위에 표기한다.

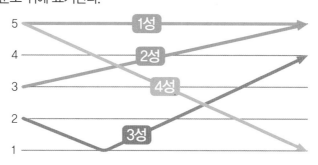

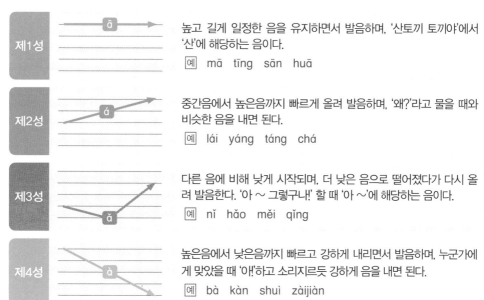

제1성 — 높고 길게 일정한 음을 유지하면서 발음하며, '산토끼 토끼야'에서 '산'에 해당하는 음이다.
예 mā tīng sān huā

제2성 — 중간음에서 높은음까지 빠르게 올려 발음하며, '왜?'라고 물을 때와 비슷한 음을 내면 된다.
예 lái yáng táng chá

제3성 — 다른 음에 비해 낮게 시작되며, 더 낮은 음으로 떨어졌다가 다시 올려 발음한다. '아 ~ 그렇구나!' 할 때 '아 ~'에 해당하는 음이다.
예 nǐ hǎo měi qǐng

제4성 — 높은음에서 낮은음까지 빠르고 강하게 내리면서 발음하며, 누군가에게 맞았을 때 '앳'하고 소리지르듯 강하게 음을 내면 된다.
예 bà kàn shuì zàijiàn

경성 짧고 가볍게 발음하며, 앞 음절 성조에 따라 음의 높이가 달라진다.

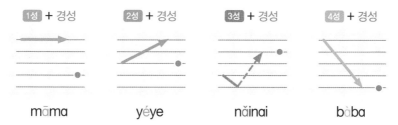

3성의 성조 변화

3성+3성

3성이 연이어 나오는 경우 앞의 3성은 2성으로 바꿔 발음한다.

예 nǐ hǎo → ní hǎo

liǎojiě → liáojiě

3성+1·2·4·경성

3성 뒤에 1·2·4·경성이 오는 경우 자연스럽게 연결하기 위해 3성은 반 3성°으로 발음한다.

예 Běijīng lǎoshī dǎkāi

예 cǎoméi lǚyóu Měiguó

예 biǎomiàn měilì gǎnmào

예 yǐzi xǐhuan yǎba

● 반 3성은 내려가는 앞 부분의 음만 소리 내고 올라가는 뒷부분의 음은 소리내지 않는다.

一의 성조 변화

단독으로 읽거나 서수로 읽는 경우 1성(yī)으로 발음한다.

    shíyī   dì yī   yī hào

뒤 음절의 성조가 1성 · 2성 · 3성인 경우 4성(yì)으로 발음한다.

뒤 음절의 성조가 4성인 경우 2성(yí)으로 발음한다.

不의 성조 변화

不 bù

뒤 음절의 성조가 1성 · 2성 · 3성인 경우 4성(bù)으로 발음한다.

bù gāo   bù hē   bù chī

bù lái   bùrú   bù máng

bù mǎi   bù hǎo   bù zhǔn

不 bú

뒤 음절의 성조가 4성인 경우 2성(bú)으로 발음한다.

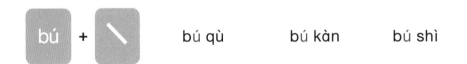

bú qù   bú kàn   bú shì

한어병음 표기 규칙

❶ 성조 부호는 운모 위에 단운모 a > o, e > i, u, ü 순으로 표기한다.

> 예 hǎo xiě gòu

❷ 운모 i는 위의 점을 없애고 그 자리에 성조를 표기한다.

> 예 yǐ xīn shí

❸ 운모 ui 와 iu는 맨 끝 운모 위에 성조를 표기한다.

> 예 xiū guǐ shuǐ

❹ 운모 a·o·e 로 시작하는 음절이 다른 음절 뒤에 오면 앞 음절과의 정확한 구분을 위해 격음부호 (')를 사용한다.

> 예 nǚ'ér pí'ǎo Xī'ān

❺ 한어병음을 표기할 때, 일반적으로 단어의 품사별로 띄어 쓴다.

> 예 mǎidōngxi ➜ mǎi dōngxi

❻ 고유명사나 문장의 첫 글자는 대문자로 표기한다.

> 예 Shǒu'ěr Wǒ hěn hǎo.

❼ 사람의 성과 이름은 띄어 쓰고, 각 첫 음절은 대문자로 표기한다.

> 예 Jīn Míngzhé Wáng Píng

⑧ 운모 i가 단독으로 쓰일 때는 앞에 y를 붙이고, 다른 운모와 결합할 때는 i를 y로 고쳐 표기한다.

	표기 방법		예
i	단독으로 쓰일 때	운모 i 앞에 y를 붙임	i → yi in → yin
	다른 운모와 결합할 때	운모 i를 y로 고침	ia → ya iao → yao

⑨ 운모 u가 단독으로 쓰일 때는 앞에 w를 붙이고, 다른 운모와 결합할 때는 u를 w로 고쳐 표기한다.

	표기 방법		예
u	단독으로 쓰일 때	운모 u 앞에 w를 붙임	u → wu
	다른 운모와 결합할 때	운모 u를 w로 고침	ua → wa uen → wen

⑩ 운모 ü가 단독으로 쓰일 때는 yu로 고쳐 표기하고 성모 j, q, x와 결합할 때는 운모 ü위의 점을 생략한다.

	표기 방법		예
ü	다른 운모와 결합할 때	운모 ü을 yu로 고침	ü → yu
	성모 j와 결합할 때	운모 ü위의 점을 생략	jüe → jue
	성모 q와 결합할 때		qün → qun
	성모 x와 결합할 때		xüan → xuan

1과

老师，您好！

선생님, 안녕하세요!

학습 목표

대상과 상황에 맞는 인사를 할 수 있다.

기본 표현

你好! / 您好!

再见!

谢谢您。

단어 ❶

- 老师 lǎoshī 명 선생님
- 您 nín 대 당신['你'의 높임말]
- 好 hǎo 형 좋다, 안녕하다
- 你 nǐ 대 너

단어❶ 쓰기

- 선생님
- 당신['你'의 높임말]
- 좋다, 안녕하다
- 너

 회화 ❶

리리 **老师，您好！**
Lǎoshī, nín hǎo!

선생님 **你好！**
Nǐ hǎo!

 회화❶
쓰기

리리   선생님, 안녕하세요!

선생님   안녕!

단어 ❷

- **谢谢** xièxie 통 감사합니다

- **不** bù 부 ~이/가 아니다

- **不客气** bú kèqi 천만에요

- **再** zài 부 다시, 또

- **见** jiàn 통 만나다

- **明天** míngtiān 명 내일

단어❷ 쓰기

- 감사합니다 _____

- 다시, 또 _____

- ~이/가 아니다 _____

- 만나다 _____

- 천만에요 _____

- 내일 _____

회화 ❷

리리 老师，谢谢您。
Lǎoshī,　 xièxie nín.

선생님 不客气。再见！
Bú kèqi.　 Zàijiàn!

리리 老师，明天见！
Lǎoshī,　 míngtiān jiàn!

 회화 ❷
쓰기

리리　　선생님, 감사합니다.

- -

선생님　천만에. 잘 가!

- -

리리　　선생님, 내일 뵙겠습니다!

- -

01 你好!

만났을 때 하는 인사말

중국에서 가장 많이 쓰는 인사말은 '你好'와 '您好'다. 상대방의 호칭 뒤에 '好'를 붙여 사용하기도 한다.

A **你好!** 안녕!
Nǐ hǎo!

B **您好!** 안녕하세요!
Nín hǎo!

A1 **张老师好!** 장 선생님 안녕하세요!
Zhāng lǎoshī hǎo!

A2 **张老师，您好!** 장 선생님. 안녕하세요!
Zhāng lǎoshī, nín hǎo!

B **丽丽，你好!** 리리야. 안녕!
Lìli, nǐ hǎo!

단어

丽丽 Lìli 인명 리리

02 老师，谢谢您。

감사를 표하는 인사말

일반적으로 '谢谢+대상'의 형식으로 감사함을 표한다. 이때 상대방은 '不客气', '不用客气', '不用谢'라고 대답할 수 있다.

A 谢谢你！　　감사합니다!
　Xièxie nǐ!

B 不客气。　　별말씀을요.
　Bú kèqi.

A 谢谢张老师！　　감사합니다 장 선생님!
　Xièxie Zhāng lǎoshī!

B 不用客气。　　천만에요.
　Búyòng kèqi.

A 丽丽，谢谢你！　　리리야, 고마워!
　Lìli, xièxie nǐ!

B 不用谢！　　고맙긴 뭘!
　Búyòng xiè!

단어

不用 búyòng [무] ~할 필요가 없다　　**客气** kèqi [형] 예의가 바르다, 겸손하다

03 再见!

> **헤어질 때 하는 인사말**

헤어질 때 가장 많이 사용하는 인사말은 '再见'으로, '다시 만나자', '또 만나자'라는 뜻을
나타낸다. 그밖에 '시간+见' 형식으로도 인사말을 건넬 수 있다.

A **张老师，再见!**   장 선생님. 안녕히 계세요!
Zhāng lǎoshī, zàijiàn!

B **再见!**   잘 개!
Zàijiàn!

A **丽丽，明天见!**   리리야. 내일 봐!
Lìli, míngtiān jiàn!

B **好，明天再见!**   그래. 내일 보자!
Hǎo, míngtiān zàijiàn!

01 발음을 연습해 보세요.

🎧 01-05

1. 发明 fāmíng   标准 biāozhǔn   爸爸 bàba   部门 bùmén
2. 判断 pànduàn   批评 pīpíng   赔偿 péicháng   评价 píngjià
3. 明确 míngquè   魅力 mèilì   目标 mùbiāo   模仿 mófǎng
4. 反应 fǎnyìng   方法 fāngfǎ   分布 fēnbù   风俗 fēngsú

02 녹음과 일치하는 단어를 골라 보세요.

🎧 01-06

1. A shī   B xiè   C zài   D hǎo   ( )
2. A nín   B nǐ   C bù   D jiàn   ( )
3. A tiān   B kè   C zài   D míng   ( )
4. A zhāng   B zài   C zhé   D xiè   ( )

03 알맞은 문장을 적어 대화를 완성해 보세요.

1. A 老师，您好！   B _ _ _ _ _ _ _ _ _ _ _ _ _
2. A 谢谢您！   B _ _ _ _ _ _ _ _ _ _ _ _ _
3. A 明天见！   B _ _ _ _ _ _ _ _ _ _ _ _ _
4. A 再见！   B _ _ _ _ _ _ _ _ _ _ _ _ _

연습문제

04 어울리는 문장을 찾아 연결해 보세요.

❶ 您好！   A 再见！

❷ 谢谢您！   B 你好！

❸ 再见！   C 不客气。

05 주어진 단어를 알맞은 순서로 배열하여 문장을 완성해 보세요.

❶ 见　明天　　_____

❷ 客气　不　　_____

❸ 谢谢　老师　　_____

06 본문 회화를 참고하여 다음 주제에 맞게 대화해 보세요.

❶ 처음 만났을 때 인사말을 해 보세요.

❷ 헤어질 때 인사말을 해 보세요.

你早。 Nǐ zǎo.　　좋은 아침입니다.

早上好。 Zǎoshang hǎo.　　좋은 아침입니다.

中午好。 Zhōngwǔ hǎo.　　안녕하세요.(점심인사)

下午好。 Xiàwǔ hǎo.　　안녕하세요.(오후 인사)

晚上好。 Wǎnshang hǎo.　　안녕하세요.(저녁 인사)

不客气。 Bú kèqi.　　천만에요. 별말씀을요.

不用谢。 Búyòng xiè.　　별말씀을요.

对不起。 Duìbuqǐ.　　미안합니다.

没关系。 Méi guānxi.　　괜찮습니다.

好久不见。 Hǎojiǔ bú jiàn.　　오래간만이에요.

一会儿见。 Yíhuìr jiàn.　　이따가 봐요.

周末愉快。 Zhōumò yúkuài.　　즐거운 주말 보내세요.

❶ 중국 개요

중국의 인구

중국은 세계에서 가장 인구가 많고 인구 밀도가 높은 나라 중 하나다. 중국통계국의 데이터에 따르면 2020년 11월 기준 중국 전체 인구는 14억 1,200만명(홍콩, 마카오, 타이완, 해외 화교는 제외)으로, 91.1%가 한족, 나머지 약 8.9%가 소수민족이다. 연간 인구 증가율은 0.59%로 세계 159위이다. 현재 중국도 다양한 출산 장려 정책을 펼치며 출산을 독려하고 있다.

중국의 소수민족

중국은 56개 민족으로 구성된 다민족 국가다. 한족 인구가 가장 많고, 나머지 55개 민족을 소수민족으로 통칭한다. 소수민족의 경우 인구는 적지만 중국의 약 64.3%의 지역에 분포되어 있다. 20여 개의 소수민족이 거주하는 윈난성(云南省)은 중국 내에서 가장 다양한 민족이 거주하고 있는 지역이다.

중국의 국기

중화인민공화국의 국기는 오성홍기(五星红旗)다. 붉은색은 혁명을 상징하고, 가장 큰 별은 중국 공산당을, 네 개의 작은 별은 각각 노동자 · 농민 · 민족자산계급 · 소자산계급을 나타낸다. 다섯 개의 오각성(五角星)은 중국 공산당 지도하의 인민 대통합을 상징한다.

중국의 지리

중국은 아시아 동부와 태평양 서안에 위치하며 영토 면적은 약 960만㎢으로, 이는 한국의 44배에 달하는 면적이다. 서쪽이 높고, 동쪽이 낮은 지형적 특성을 가지고 있으며, 산지가 많고 평원이 적은 것이 특징이다. 중국에는 34개 성급 행정구가 있는데, 23개 성, 5개 자치구, 4개 직할시, 2개의 특별 행정구로 나뉘어 있다.

你叫什么名字?

너는 이름이 뭐야?

학습 목표

이름을 묻고 답할 수 있다.

기본 표현

你叫什么名字?

您贵姓?

他姓什么?

단어 ❶

- **贵** guì 형 존경을 나타내는 접두사

- **姓** xìng 동 성이 ~이다

- **叫** jiào 동 ~라고 하다, ~이다

- **什么** shénme 대 무엇, 어떤

- **名字** míngzi 명 이름, 성명

- **我** wǒ 대 나, 저

- **李丽丽** Lǐ Lìli 인명 리리리

단어 ❶ 쓰기

- 존경을 나타내는 접두사 ＿＿＿＿＿＿＿
- 성이 ~이다 ＿＿＿＿＿＿＿
- ~라고 하다, ~이다 ＿＿＿＿＿＿＿
- 무엇, 어떤 ＿＿＿＿＿＿＿

- 이름, 성명 ＿＿＿＿＿＿＿
- 나, 저 ＿＿＿＿＿＿＿
- 리리리 ＿＿＿＿＿＿＿

리리 **老师，您贵姓?**
Lǎoshī, nín guì xìng?

선생님 **我姓张。你叫什么名字?**
Wǒ xìng Zhāng. Nǐ jiào shénme míngzi?

리리 **我叫李丽丽。**
Wǒ jiào Lǐ Lìli.

회화❶
쓰기

리리 선생님, 성함이 어떻게 되세요?

_____

선생님 나는 장 씨야. 너는 이름이 뭐니?

_____

리리 저는 리리리예요.

_____

단어 ❷

- **金明哲** Jīn Míngzhé 인명 김명철

- **他** tā 대 그, 그 사람

- **也** yě 부 ~도, 또한

단어 ❷ 쓰기

- 김명철

- 그, 그 사람

- ~도, 또한

리리 **你叫什么?**
Nǐ jiào shénme?

명철 **我叫金明哲。他姓什么?**
Wǒ jiào Jīn Míngzhé. Tā xìng shénme?

리리 **他也姓金。**
Tā yě xìng Jīn.

회화 ❷
쓰기

리리 넌 이름이 뭐야?

- -

명철 난 김명철이야. 쟤는 성이 뭐야?

- -

리리 쟤도 김 씨야.

- -

01 您贵姓?

이름을 묻는 방법

상대방의 이름을 물을 때는 '你叫什么名字?'또는 '你叫什么?'라고 한다. 윗사람에게 이름을 물을 때는 '您贵姓?'이라고 질문한다. 대답할 때는 본인의 성씨를 얘기하거나, 성씨와 이름을 모두 얘기해도 된다. 제삼자의 성씨를 묻고자 할 때는 '他(她)姓什么?'이라고 묻고, 대답할 때는 '姓'뒤에 성씨를 붙이면 된다.

A 老师，您贵姓?　선생님, 성함이 어떻게 되세요?
　Lǎoshī, nín guì xìng?

B 我姓张。　저는 장씨입니다
　Wǒ xìng Zhāng.

A 他叫什么名字?　그는 이름이 뭐예요?
　Tā jiào shénme míngzi?

B 他叫张明。　그는 장밍이라고 합니다.
　Tā jiào Zhāng Míng.

A 你叫什么?　넌 이름이 뭐야?
　Nǐ jiào shénme?

B 我叫王天。　나는 왕티엔이라고 해.
　Wǒ jiào Wáng Tiān.

A 他姓什么?　그의 성은 무엇인가요?
　Tā xìng shénme?

B 他姓王。　그는 왕씨입니다.
　Tā xìng Wáng.

단어

张明 Zhāng Míng [인명] 장밍　　**王天** Wáng Tiān [인명] 왕티엔

02 他姓什么?

인칭대명사

인칭대명사는 사람을 가리키는 대명사로, 1인칭 · 2인칭 · 3인칭이 있다. 복수를 나타내는 경우 인칭대명사에 접미사 '们'을 붙이면 되는데, '您们'이라는 표현은 사용하지 않는다는 점을 주의해야 한다.

	단수	복수
1인칭	我 wǒ 나, 저	我们 wǒmen 우리(들)
2인칭	你 nǐ 너, 당신 您 nín 당신, 귀하	你们 nǐmen 너희(들), 당신들
3인칭	他 tā 그, 그 사람 她 tā 그녀, 그 여자 它 tā 그(것), 저(것)	他们 tāmen 그들 她们 tāmen 그녀들 它们 tāmen 그것들, 저것들

01 발음을 연습해 보세요. ⌂ 02-05

① 第一 dì yī   东西 dōngxi   锻炼 duànliàn   读书 dúshū

② 特别 tèbié   太阳 tàiyáng   提供 tígōng   天然 tiānrán

③ 努力 nǔlì   女性 nǔxìng   南方 nánfāng   男性 nánxìng

④ 冷水 lěngshuǐ   路线 lùxiàn   流行 liúxíng   浪费 làngfèi

02 녹음과 일치하는 단어를 골라 보세요. ⌂ 02-06

① A jiào   B jīn   C míng   D zhé   ( )

② A wǒ   B nǐ   C xìng   D nín   ( )

③ A shén   B guì   C jiào   D lǎo   ( )

④ A jīn   B shī   C zhé   D zì   ( )

03 알맞은 문장을 적어 대화를 완성해 보세요.

① A 老师, _ _ _ _ _ _ _ _ _ _ _ _ _   B 我姓张。

② A _ _ _ _ _ _ _ _ _ _ _ _ _ _ _   B 我叫丽丽。

③ A 她姓什么?   B _ _ _ _ _ _ _ _ _ _ _ _ _

④ A 你叫什么?   B _ _ _ _ _ _ _ _ _ _ _ _ _

04 어울리는 문장을 찾아 연결해 보세요.

❶ 老师，您贵姓?　　　　　　A 我叫金明哲。

❷ 你叫什么名字?　　　　　　B 她叫李丽丽。

❸ 她叫什么?　　　　　　　　C 我姓张。

05 주어진 단어를 알맞은 순서로 배열하여 문장을 완성해 보세요.

❶ 叫　名字　他　什么　　　----------------------

❷ 姓　贵　您　　　　　　　----------------------

❸ 张　我　姓　也　　　　　----------------------

06 본문 회화를 참고하여 다음 주제에 맞게 대화해 보세요.

❶ 상대방의 이름을 물어보세요.

❷ 상대방의 성씨를 물어보세요.

Lǐ 李 이	Piáo 朴 박	Cuī 崔 최
Zhèng 郑 정	Jiāng 姜 강	Lín 林 임
Zhāng 张 장	Liú 刘 유	Zhào 赵 조
Quán 全 전	Yǐn 尹 윤	Wáng 王 왕
Wú 吴 오	Sòng 宋 송	Hán 韩 한

문화 ①

🔍 중국인의 성씨

한국에서 김, 이, 박이 가장 흔한 성이라면, 중국은 왕(王), 리(李), 장(张)이 가장 흔한 성이다. 통계에 의하면 왕, 리, 장씨 성을 가진 사람의 수가 미국 총인구와 거의 같다고 한다.

성씨의 분포는 지역에 따라서도 차이가 있다. 중국 북방에는 왕(王 Wáng)씨가 가장 많고, 남방에는 천(陈 Chén)씨가, 남북의 경계라고 할 수 있는 장강 유역에는 리(李 Lǐ)씨가 가장 많다.

중국의 10대 성씨

> 왕(王 Wáng) 리(李 Lǐ) 장(张 Zhāng) 류(刘 Liú) 천(陈 Chén)
> 양(杨 Yáng) 황(黄 Huáng) 자오(赵 Zhào) 우(吴 Wú) 저우(周 Zhōu)

중국의 기괴한 성씨

중국에는 한국에서 일반적으로 기피하는 뜻의 한자를 성으로 가진 사람도 있다.

> 死 Sǐ (죽다) 难 Nán (어렵다, 싫어하다) 黑 Hēi (검다, 나쁘다)
> 老 Lǎo (늙다) 毒 Dú (독)

한국에 남궁, 독고, 선우, 사마 등의 복성을 가진 사람이 있듯 중국에서도 복성을 가진 사람을 볼 수 있다. 현존하는 중국의 복성은 약 80개로 삼국지의 대표적인 인물인 제갈량의 성씨 诸葛(Zhūgě), 중국의 역사가 사마천의 성씨인 司马(Sīmǎ), 그 외에 欧阳(Ōuyáng), 呼延(Hūyán) 등의 복성이 대표적이다.

문화 ②

❓ 중국의 호칭 문화

한국에서는 학교나 직장에서 선후배를 부를 때 보통 '선배', '후배'라는 호칭을 사용하거나, 직함을 붙여 부른다. 그렇다면 존대 표현이 발달하지 않은 중국에서는 어떤 호칭을 사용할까?

학교에서의 호칭 문화

학교에서 선후배를 부를 때는 성별에 따라 호칭이 달라진다.

여자 선배 学姐 xué jiě / 师姐 shījiě	남자 선배 学长 xuézhǎng / 师兄 shīxiōng
여자 후배 学妹 xué mèi / 师妹 shīmèi	남자 후배 学弟 xué dì / 师弟 shīdì

직장에서의 호칭 문화

직위나 직급이 명확하고 예의를 갖춰야 하는 상대인 경우 직급만 부르거나 '성+직급'으로 부른다.

张总经理 Zhāng zǒngjīnglǐ 장 대표님	李老师 Lǐ lǎoshī 이 선생님
王老板 Wáng lǎobǎn 왕 사장님	刘总 Liú zǒng 류 대표님

직장에서는 선배를 부를 때는 나이가 비슷하면 이름을 부르고, 나이 차이가 많지 않은 경우에는 성 뒤에 '哥'나 '姐'를 붙여 부르는 경우가 많다.

陈哥 Chén gē 성이 천씨인 남자 선배	李姐 Lǐ jiě 성이 이씨인 여자 선배

중장년층 사이에서 서로를 부를 때는 '老 lǎo + 성'으로 부르고, 자신보다 어린 사람을 부를 때는 이름을 부르거나 '小 xiǎo + 성'으로 부른다.

老王 lǎo Wáng	老李 lǎo Lǐ
小张 xiǎo Zhāng	小王 xiǎo Wáng

3과

我是韩国人。

나는 한국인이야.

학습 목표

국적을 묻고 답할 수 있다.

기본 표현

你是哪国人?

我是韩国人。

你也是中国学生吗?

단어 ❶

- 是 shì 동 ~이다
- 哪 nǎ 대 어느
- 国 guó 명 국가
- 人 rén 명 사람

- 她 tā 대 그녀
- 呢 ne 조 ~은/는?
- 韩国 Hánguó 명 한국
- 中国 Zhōngguó 명 중국

단어❶ 쓰기

- ~이다 _____
- 어느 _____
- 국가 _____
- 사람 _____

- 그녀 _____
- ~은/는? _____
- 한국 _____
- 중국 _____

회화 ❶

리리   你好！你是哪国人？

Nǐ hǎo!   Nǐ shì nǎ guó rén?

명철   你好！我是韩国人。她呢？

Nǐ hǎo!   Wǒ shì Hánguó rén. Tā ne?

리리   她不是韩国人，是中国人。

Tā bú shì Hánguó rén,   shì Zhōngguó rén.

회화❶
쓰기

리리   안녕! 너는 어느 나라 사람이니?

명철   안녕! 나는 한국인이야. 그녀는?

리리   그녀는 한국인이 아니고, 중국인이야.

단어 ❷

- 吗 ma 조 ~입니까?
- 学生 xuésheng 명 학생
- 是的 shì de 그렇다
- 认识 rènshi 통 알다
- 很 hěn 부 매우
- 高兴 gāoxìng 형 기쁘다

단어 ❷ 쓰기

- ~입니까? ------------
- 학생 ------------
- 그렇다 ------------

- 알다 ------------
- 매우 ------------
- 기쁘다 ------------

회화 ❷

리리　你也是中国学生吗?
　　　Nǐ yě shì Zhōngguó xuésheng ma?

왕핑　是的。很高兴认识你。
　　　Shì de.　Hěn gāoxìng rènshi nǐ.

리리　认识你，我也很高兴。
　　　Rènshi nǐ,　wǒ yě hěn gāoxìng.

 회화 ❷ 쓰기

리리　너도 중국 학생이니?

_____

왕핑　그래. 만나서 반가워.

_____

리리　나도 만나서 반가워.

_____

01 你是哪国人?

是자문

'是'는 '~이다'라는 의미로 영어의 be동사에 가깝다. 'A 是 B' 구조로 A, B가 모두 명사나 대명사일 때 사용하며, 'A는 B다'라는 의미를 나타낸다. '是'의 부정형식은 '不是'이며 '~이/가 아니다'라는 의미를 나타낸다.

我是学生。 저는 학생입니다.
Wǒ shì xuésheng.

他是王平。 그는 왕핑입니다.
Tā shì Wáng Píng.

我是中国人。 저는 중국인입니다.
Wǒ shì Zhōngguó rén.

我是王平，是中国人。 저는 왕핑이고, 중국인입니다.
Wǒ shì Wáng Píng, shì Zhōngguó rén.

我是老师。 저는 선생님입니다.
Wǒ shì lǎoshī.

我是老师，你是学生。 저는 선생님이고, 당신은 학생입니다.
Wǒ shì lǎoshī, nǐ shì xuésheng.

老师不是中国人，是韩国人。 선생님은 중국인이 아니라 한국인입니다.
Lǎoshī bú shì Zhōngguó rén, shì Hánguó rén.

她不是老师，她是学生。 그녀는 선생님이 아니라 학생입니다.
Tā bú shì lǎoshī, tā shì xuésheng.

단어

王平 Wáng Píng 인명 왕핑

02 我是韩国人。她呢?

'呢'를 이용한 의문문

어기조사 呢는 문장 끝에 쓰여 의문을 나타낸다. 주로 앞서 언급한 내용에 대한 의견을 되물을 때 사용하며, '주어+呢' 형태로 쓰인다.

A 我是学生。你呢?　저는 학생입니다. 당신은요?
　Wǒ shì xuésheng. Nǐ ne?

B 我也是。　저도요.
　Wǒ yě shì.

A 我是韩国人。你呢?　나는 한국인이야. 너는?
　Wǒ shì Hánguó rén. Nǐ ne?

B 我是中国人。　나는 중국인이야.
　Wǒ shì Zhōngguó rén.

03 你也是中国学生吗?

'吗'를 이용한 의문문

중국어에서 가장 많이 사용되는 의문문 형식으로 문장 끝에 '吗'만 붙이면 의문문이 된다.

你是学生吗?　　당신은 학생인가요?
Nǐ shì xuésheng ma?

你不是学生吗?　　당신은 학생이 아닌가요?
Nǐ bú shì xuésheng ma?

她是老师吗?　　그녀는 선생님인가요?
Tā shì lǎoshī ma?

他也是老师吗?　　그도 선생님인가요?
Tā yě shì lǎoshī ma?

你是韩国人吗?　　당신은 한국인인가요?
Nǐ shì Hánguó rén ma?

你也是韩国人吗?　　당신도 한국인인가요?
Nǐ yě shì Hánguó rén ma?

他是中国人吗?　　그는 중국인인가요?
Tā shì Zhōngguó rén ma?

她不是中国人吗?　　그녀는 중국인이 아닌가요?
Tā bú shì Zhōngguó rén ma?

연습문제

🎧 03-05

01 발음을 연습해 보세요.

① 大哥 dàgē   感动 gǎndòng   广告 guǎnggào   公平 gōngpíng

② 咖啡 kāfēi   科学家 kēxuéjiā   空气 kōngqì   可能 kěnéng

③ 海外 hǎiwài   国际 guójì   合格 hégé   环境 huánjìng

02 녹음과 일치하는 단어를 골라 보세요.

🎧 03-06

① A shì   B hěn   C míng   D hǎo   (   )

② A rén   B nǐ   C xìng   D nǎ   (   )

③ A tā   B yě   C jiào   D zhōng   (   )

④ A nǎ   B hán   C zhé   D tiān   (   )

03 알맞은 문장을 적어 대화를 완성해 보세요.

① A _____   B 我是韩国人。

② A _____   B 他是中国人。

③ A 我是韩国人。他呢?   B _____（也）

④ A 很高兴认识你。   B _____

04 어울리는 문장을 찾아 연결해 보세요.

❶ 你是哪国人?　　　　　　A 我是中国人。

❷ 他是韩国人吗?　　　　　　B 是的。她也是中国人。

❸ 她也是中国人吗?　　　　　C 他不是韩国人，是中国人。

05 주어진 단어를 알맞은 순서로 배열하여 문장을 완성해 보세요.

❶ 韩国　是　你　人　吗　　　_____

❷ 高兴　很　认识你　我　也　　_____

❸ 是　他　不　学生　　　　　　_____

06 본문 회화를 참고하여 다음 주제에 맞게 대화해 보세요.

❶ 상대방의 직업을 물어보세요.

❷ 상대방의 국적을 물어보세요.

Rìběn
日本

일본

Tàiguó
泰国

태국

Yuènán
越南

베트남

Yìndù
印度

인도

Měiguó
美国

미국

Jiānádà
加拿大

캐나다

Àodàlìyà
澳大利亚

호주

Xīnxīlán
新西兰

뉴질랜드

Yīngguó
英国

영국

Fǎguó
法国

프랑스

Déguó
德国

독일

Yìdàlì
意大利

이탈리아

❓ '링링허우' 학생들이 선호하는 전공

현재 중국의 대학생은 대부분 '링링허우(00后, 2000년대 출생자)'다. 그들이 대학에서 전공을 선택하는 기준을 살펴보면 이전 세대들과는 확연히 다른 양상을 보인다는 것을 알 수 있다.

'링링허우' 학생들이 선호하는 인문 계열 전공 TOP10

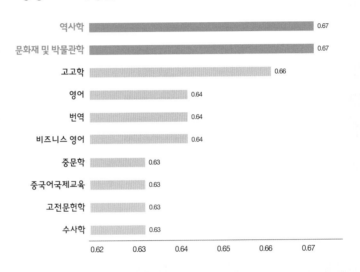

이전 세대가 컴퓨터 및 소프트웨어 관련 전공을 선호했던 것과 달리 '링링허우'가 선호하는 10대 이공계 전공 중에 5개가 의약 관련 분야고, 그중 심리학과 법의학이 1, 2위를 차지했다. 이는 '링링허우'가 드라마와 영화를 자주 접하는 세대인 것과 관련이 있는 것으로 보인다.

인문 계열을 살펴보면, 기존 세대가 마케팅이나 회계 전공을 선호했던 것과 달리 '링링허우'는 역사학과 문화재 및 박물관학, 고고학에 흥미를 보였다. 고고학이나 역사와 관련된 다양한 문화 콘텐츠를 접하게 되면서 역사와 전통에 관심이 생긴 것이다.

이러한 전공들은 '주링허우(90后, 1990년대생)' 학생들이 취업이 어렵다고 생각해 선호하지 않았던 비인기 전공에 속한다. 위와 같은 데이터는 '링링허우' 세대들의 뚜렷한 개성과 자아를 엿볼 수 있는 부분이라 할 수 있다.

最近您身体好吗?

요즘 건강은 어떠세요?

학습 목표

사람의 상태를 묻고 답할 수 있다.

기본 표현

最近您身体好吗?

你最近忙不忙?

我不太忙。

단어 ❶

- 最近 zuìjìn 명 최근

- 身体 shēntǐ 명 몸, 건강

- 还可以 hái kěyǐ 그런대로 괜찮다

- 爸爸 bàba 명 아빠

- 妈妈 māma 명 엄마

- 他们 tāmen 대 그들

- 都 dōu 부 모두

단어 ❶ 쓰기

- 최근 ----------

- 몸, 건강 ----------

- 그런대로 괜찮다 ----------

- 아빠 ----------

- 엄마 ----------

- 그들 ----------

- 모두 ----------

회화 ❶

리리 老师，最近您身体好吗?
Lǎoshī, zuìjìn nín shēntǐ hǎo ma?

선생님 还可以。你爸爸妈妈呢?
Hái kěyǐ. Nǐ bàba māma ne?

리리 他们也都很好。
Tāmen yě dōu hěn hǎo.

 회화❶
쓰기

리리 선생님, 요즘 건강은 어떠세요?

선생님 그런대로 괜찮아. 너희 아버지 어머니는?

리리 그들도 모두 건강하세요.

단어 ❷

- 忙 máng 형 바쁘다

- 但是 dànshì 접 그러나

- 不太 bú tài 그다지 ~하지 않다

- 累 lèi 형 피곤하다

단어❷ 쓰기

- 바쁘다

- 그러나

- 그다지 ~하지 않다

- 피곤하다

회화 ❷

명철　你最近忙不忙?
Nǐ zuìjìn máng bu máng?

리리　我很忙, 你呢?
Wǒ hěn máng, nǐ ne?

명철　我不太忙, 但是很累。
Wǒ bú tài máng, dànshì hěn lèi.

회화 ❷
쓰기

명철　너 요즘 바빠 안 바빠?

리리　나는 아주 바쁜데, 너는?

명철　나는 그다지 바쁘지는 않은데, 피곤해.

----

01 他们也都很好。

형용사술어문

형용사술어문은 형용사가 서술어인 문장을 의미하며, 사람이나 사물의 성질이나 상태를 나타낼 때 사용한다. 서술어인 형용사 앞에는 습관적으로 '很'을 붙여 말하기 때문에 여기서 '很'은 반드시 '매우, 아주'라는 뜻을 나타내는 것은 아니다. 부정 형식은 형용사 앞에 '不'를 붙인다.

我很好。 저는 잘 지내고 있습니다.
Wǒ hěn hǎo.

我不累。 저는 피곤하지 않습니다.
Wǒ bú lèi.

老师身体很好。 선생님은 (매우) 건강하십니다.
Lǎoshī shēntǐ hěn hǎo.

我最近很忙。 저는 요즘 (매우) 바쁩니다.
Wǒ zuìjìn hěn máng.

我最近身体不好。 저는 요즘 몸이 좋지 않습니다.
Wǒ zuìjìn shēntǐ bù hǎo.

我最近不忙，但是很累。 저는 요즘 바쁘지는 않지만, (매우) 피곤합니다.
Wǒ zuìjìn bù máng, dànshì hěn lèi.

02 你最近忙不忙?

정반의문문

'忙不忙'처럼 동사나 형용사의 긍정형과 부정형을 나열하여 의문문을 만드는 것을 정반의문 문이라고 한다. 정반의문문 문장의 끝에는 의문을 나타내는 '吗'를 붙이지 않는다. 정반의문 문에서 가운데 '不'는 경성으로 발음한다.

A 你是不是学生?　　당신은 학생입니까 아닙니까? (당신은 학생입니까?)
　　Nǐ shì bu shì xuésheng?

B 我是学生。/ 我不是学生。저는 학생입니다. / 저는 학생이 아닙니다.
　　Wǒ shì xuésheng. / Wǒ bú shì xuésheng.

A 明天见不见?　내일 만납니까 만나지 않습니까? (내일 만나나요?)
　　Míngtiān jiàn bu jiàn?

B 见。/ 不见。　　만납니다. / 만나지 않습니다.
　　Jiàn. / Bú jiàn.

A 你妈妈最近身体好不好?　　너희 어머니 요즘 건강하셔 건강이 좋지 않으셔?
　　Nǐ māma zuìjìn shēntǐ hǎo bu hǎo?　　　　　(너희 어머니 요즘 건강하셔?)

B 很好。/ 不好。건강하셔. / 건강이 좋지 않으셔.
　　Hěn hǎo. / Bù hǎo.

A 他最近忙不忙?　　그는 요즘 바쁩니까 바쁘지 않습니까? (그는 요즘 바쁩니까?)
　　Tā zuìjìn máng bu máng?

B 他很忙。/ 他不太忙。　　그는 (매우) 바쁩니다. / 그는 그다지 바쁘지 않습니다.
　　Tā hěn máng. / Tā bú tài máng.

03 我不太忙，但是很累。

정도부사 不太

'不太'는 형용사 앞에 쓰여 '그다지 ~하지 않다', '별로 ~하지 않다'는 뜻으로 사용된다.

我最近身体不太好。   저는 요즘 몸이 그다지 좋지 않습니다.
Wǒ zuìjìn shēntǐ bú tài hǎo.

爸爸最近不太忙。   아빠는 요즘 그다지 바쁘지 않습니다.
Bàba zuìjìn bú tài máng.

A 妈妈，你累不累？   엄마, 피곤하지 않으세요?
　 Māma, nǐ lèi bu lèi?

B 我不太累。   그다지 피곤하지 않단다.
　 Wǒ bú tài lèi.

01 발음을 연습해 보세요.

🎧 04-05

❶ 基础 jīchǔ　　教育 jiàoyù　　节约 jiéyuē　　加速 jiāsù

❷ 起床 qǐchuáng　　全面 quánmiàn　　强国 qiángguó　　确信 quèxìn

❸ 希望 xīwàng　　心情 xīnqíng　　血压 xuèyā　　修理 xiūlǐ

02 녹음과 일치하는 단어를 골라 보세요.

🎧 04-06

❶ A shì　　B hěn　　C míng　　D hǎo　　　　　（　　）

❷ A lèi　　B nǐ　　C xìng　　D nǎ　　　　　（　　）

❸ A tā　　B máng　　C jiào　　D zhōng　　　　　（　　）

❹ A nǎ　　B hán　　C zhé　　D tiān　　　　　（　　）

03 알맞은 문장을 적어 대화를 완성해 보세요.

❶ A ＿＿＿＿＿＿＿＿＿＿＿　　B 我很忙，你呢？

❷ A ＿＿＿＿＿＿＿＿＿＿＿　　B 我很累。

❸ A 老师，最近您身体好不好？　　B ＿＿＿＿＿＿＿＿＿＿＿

❹ A 你爸爸妈妈忙不忙？　　B ＿＿＿＿＿＿＿＿＿＿＿

04 어울리는 문장을 찾아 연결해 보세요.

❶ 最近您身体好吗?　　　　A 我爸爸最近不太忙。

❷ 你爸爸最近忙不忙?　　　　B 我很累。

❸ 你累吗?　　　　　　　　C 还可以。你呢?

05 주어진 단어를 알맞은 순서로 배열하여 문장을 완성해 보세요.

❶ 忙　最近　她　不太　　　_____

❷ 不太　我　累　　　　　　_____

❸ 身体　吗　你爸爸妈妈　好　_____

❹ 都　他们　也　好　很　　_____

❺ 身体　老师　最近　好　不太　_____

06 본문 회화를 참고하여 다음 주제에 맞게 대화해 보세요.

❶ 상대방의 안부를 물어보세요.

❷ 상대방의 근황을 물어보세요.

duō	shǎo	dà	xiǎo
多 ↔ 少		大 ↔ 小	
많다	적다	크다	작다

gāo	ǎi	pàng	shòu
高 ↔ 矮		胖 ↔ 瘦	
높다, (키가) 크다	낮다, (키가) 작다	뚱뚱하다	마르다

kuài	màn	yuǎn	jìn
快 ↔ 慢		远 ↔ 近	
빠르다	느리다	멀다	가깝다

kāi	guān	tuī	lā
开 ↔ 关		推 ↔ 拉	
열다, 켜다, 온(on)	닫다, 끄다, 오프(off)	밀다	당기다

jìn	chū	kū	xiào
进 ↔ 出		哭 ↔ 笑	
들어가다	나오다	울다	웃다

문화

❓ 중국의 명문대

2022년 4월 중국고등교육평가 전문기관이 발표한 자료에 따르면. 칭화대 · 베이징대 · 저장대가 8년 연속 중국 3대 대학교로 선정되었고, 상하이 교통대와 푸단대는 각각 4위와 5위에 이름을 올렸다.

칭화대학 清华大学 Qīnghuá Dàxué

중국 베이징에 소재한 명문대로 중국 '엔지니어의 요람', '중국의 MIT'로 불린다. 영국의 대학 평가 기관인 QS에서 선정한 〈2022 세계 대학 랭킹〉에서 칭화대는 세계 순위 17위를 차지했다. 중국 대학 중에서는 1위, 아시아 대학에서는 3위다. 또한 미국의 경제전문지인 포브스에서 선정한 세계에서 가장 아름다운 대학 캠퍼스 중에 아시아권 대학이 뽑힌 것은 칭화대가 유일하다. 칭화대는 훌륭한 인물을 많이 배출한 것으로도 유명한데, 출신 인물로 시진핑 국가주석, 후진타오 전 국가주석 등이 있다.

베이징대학 北京大学 Běijīng Dàxué

중국 최초의 국립종합대학교로 1898년에 설립되었다. 문과와 이과의 기초 교육과 연구를 위주로 하는 종합 대학교이며 응용학문, 첨단과학에서도 큰 발전을 이뤘다. QS가 발표한 〈2022 세계 대학 랭킹〉에서는 18위를 차지하면서 칭화대와 나란히 중국을 대표하는 최고의 명문대로 자리매김하고 있다. 베이징대의 캠퍼스에는 중국의 전통식 건물들이 많이 보존되어 있다. 또한 유명 정치가 · 작가 · 혁명가 등을 다수 배출했는데, 리커창 전 총리, 리옌훙 바이두 CEO 등이 있다.

저장대학 浙江大学 Zhèjiāng Dàxué

절강대로 불리기도 한다. 중국인이 설립한 최초의 현대 고등교육기관으로, 1897년에 설립되었다. 역사와 문화의 도시 항저우에 위치한 저장대학은 중국의 '국가 중점 대학(중국 정부가 중점을 두고 지원하거나 육성하는 대학)' 중 하나로 중국판 아이비리그인 C9에 속한 대학교다. 중국에서 가장 권위 있는 고등교육기관 중 하나로, 중국을 대표하는 세계적인 수영 선수인 쑨양이 동문이다.

상하이 교통대학 上海交通大学 Shànghǎi Jiāotōng Dàxué

한국에서는 상해 교통대, 줄여서 상교대라고 부르기도 한다. 여기서 '교통'은 대중교통의 '교통'과 한자는 같지만, 그 의미는 '소통(커뮤니케이션)'에 가깝다. 상하이 교통대학은 중국 국무원 교육부와 상하이 정부의 관할 하의 국가 중점 대학으로, 중국 최고의 이과 대학 중 하나로 꼽힌다. 종합평가와 연구 성과 방면에서도 유명하며 출신 인물로는 장쩌민 전 국가주석이 있다.

푸단대학 复旦大学 Fùdàn Dàxué

복단대라고도 불린다. 상하이에 위치한 중국의 국립종합대학교이자 세계적인 명문대학이다. 중국의 아이비리그 C9 대학 중 하나로 학교의 전신은 푸단공학(复旦公学)이며, 민간의 자발적 기부금으로 설립된 중국 최초 고등교육기관의 하나다. 특히 1929년에 설립된 신문학부는 중국에서 가장 역사가 오래되고 유명한 저널리즘 교육기관이다.

这是什么?

이건 뭐야?

사물의 성질을 묻고 답할 수 있다.

这是什么?

你学什么?

汉语很难。

단어 ❶

- 这 zhè 대 이것
- 苹果 píngguǒ 명 사과
- 那 nà 대 저것, 그것
- 的 de 조 ~의
- 书 shū 명 책
- 不是 bú shì ~이/가 아니다

단어❶ 쓰기

- 이것   _ _ _ _ _ _ _ _ _ _
- 사과   _ _ _ _ _ _ _ _ _ _
- 저것, 그것   _ _ _ _ _ _ _ _ _ _
- ~의   _ _ _ _ _ _ _ _ _ _
- 책   _ _ _ _ _ _ _ _ _ _
- ~이/가 아니다   _ _ _ _ _ _ _ _ _ _

회화 ❶

리리 **这是什么?**
Zhè shì shénme?

명철 **这是苹果。那是我的书吗?**
Zhè shì píngguǒ. Nà shì wǒ de shū ma?

리리 **这不是你的书，是我的书。**
Zhè bú shì nǐ de shū,　　shì wǒ de shū.

회화 ❶
쓰기

리리　　이건 뭐야?

명철　　이건 사과야. 그거 내 책이야?

리리　　이건 네 책이 아니고, 내 책이야.

단어 ❷

- **学** xué 통 배우다, 공부하다

- **难** nán 형 어렵다

- **汉语** Hànyǔ 명 중국어

- **非常** fēicháng 부 대단히

- **怎么样** zěnmeyàng 대 어떠하다

- **有意思** yǒu yìsi 재미있다

단어 ❷ 쓰기

- 배우다, 공부하다 _____

- 어렵다 _____

- 중국어 _____

- 대단히 _____

- 어떠하다 _____

- 재미있다 _____

74

회화 ❷

리리 你学什么?
Nǐ xué shénme?

명철 我学汉语。
Wǒ xué Hànyǔ.

汉语

리리 汉语怎么样?
Hànyǔ zěnmeyàng?

명철 汉语很难, 但是非常有意思。
Hànyǔ hěn nán, dànshì fēicháng yǒu yìsi.

회화 ❷
쓰기

리리 너 뭐 배워?

명철 나 중국어 배워.

리리 중국어 어때?

명철 중국어는 어렵지만, 아주 재미있어.

해설

01 这是苹果，那是书。

지시대명사

지시대명사는 사람이나 사물을 가리킬 때 사용한다. 공간적, 심리적, 시각적인 거리에 따라 구분해 가까울 때는 '这', 멀 때는 '那', 의문은 '哪'로 표현한다. '哪'는 '어느', '어느 것'이라는 의미로 사람이나 사물을 물어볼 때 주로 사용한다.

단수	복수
这(个) zhè(ge) 이, 이것	这些 zhèxiē 이것들
那(个) nà(ge) 저, 저것	那些 nàxiē 저것들
哪(个) nǎ(ge) 어느, 어느 것	哪些 nǎxiē 어느 것들

这是苹果。 이것은 사과입니다.
Zhè shì píngguǒ.

那是书。 저것은 책입니다.
Nà shì shū.

你是哪国人？ 당신은 어느 나라 사람입니까?
Nǐ shì nǎ guó rén?

02 那是我的书。

구조조사 '的'

'的'는 명사를 수식할 때 사용하는 조사다. 대명사나 명사 뒤에 사용할 때는 소유나 소속 관계를 나타내며, 특히 소유 관계를 나타낼 때는 '~의'로 해석된다.

我的**书**　나의 책
wǒ de shū

老师的**妈妈**　선생님의 어머니
lǎoshī de māma

金明哲的**老师**　김명철의 선생님
Jīn Míngzhé de lǎoshī

这是我的**汉语书。**　이건 내 중국어 책이야.
Zhè shì wǒ de Hànyǔ shū.

那是你的**苹果。**　저건 네 사과야.
Nà shì nǐ de píngguǒ.

03 我学汉语。

동사술어문

동사술어문은 동사가 서술어인 문장을 의미한다. 동사술어문의 기본 형식은 '주어+동사+목적어'이며, 부정 형식은 '주어+不+동사+목적어'로 동사 앞에 '不'를 붙여 표현한다.

我是学生。 저는 학생입니다.
Wǒ shì xuésheng.

我不认识王老师。 저는 왕 선생님을 모릅니다.
Wǒ bú rènshi Wáng lǎoshī.

我爸爸最近学汉语。 우리 아빠는 요즘 중국어를 배우신다.
Wǒ bàba zuìjìn xué Hànyǔ.

연습문제

01 발음을 연습해 보세요.

🎧 05-05

① 招聘 zhāopìn   主食 zhǔshí   展示 zhǎnshì   追求 zhuīqiú

② 吃饭 chī fàn   成长 chéngzhǎng   长城 chángchéng   超过 chāoguò

③ 商店 shāngdiàn   烧酒 shāojiǔ   失败 shībài   顺序 shùnxù

④ 日历 rìlì   入口 rùkǒu   热情 rèqíng   人才 réncái

02 녹음과 일치하는 단어를 골라 보세요.

🎧 05-06

① A 书   B 十   C 师   D 学   (   )

② A 汉语   B 很难   C 韩国   D 老师   (   )

③ A 苹果   B 学生   C 很累   D 非常   (   )

④ A 怎么样   B 不太好   C 有意思   D 韩国人   (   )

03 알맞은 문장을 적어 대화를 완성해 보세요.

① A _ _ _ _ _ _ _ _ _ _ _ _   B 这是苹果。

② A _ _ _ _ _ _ _ _ _ _ _ _   B 我学汉语。

③ A 汉语怎么样?   B _ _ _ _ _ _ _ _ _ _ _ _

④ A 这是你的书吗?   B _ _ _ _ _ _ _ _ _ _ _ _

연습문제

04 어울리는 문장을 찾아 연결해 보세요.

❶ 你学什么?　　　　　　　A 汉语很难。

❷ 汉语有意思吗?　　　　　　B 这是苹果。

❸ 汉语难不难?　　　　　　　C 非常有意思。

❹ 那是我的书吗?　　　　　　D 我学汉语。

❺ 这是什么?　　　　　　　　E 那不是你的书，是我的书。

05 주어진 단어를 알맞은 순서로 배열하여 문장을 완성해 보세요.

❶ 学　你　什么　　　　＿＿＿＿＿＿＿＿＿＿＿＿＿＿＿＿

❷ 这　苹果　是　　　　＿＿＿＿＿＿＿＿＿＿＿＿＿＿＿＿

❸ 有意思　非常　汉语　学　＿＿＿＿＿＿＿＿＿＿＿＿＿＿＿＿

❹ 不是　书　那　你的　　＿＿＿＿＿＿＿＿＿＿＿＿＿＿＿＿

❺ 难　汉语书　不难　你的　＿＿＿＿＿＿＿＿＿＿＿＿＿＿＿＿

06 본문 회화를 참고하여 다음 주제에 맞게 대화해 보세요.

❶ 상대방에게 주변 사물에 대해 물어보세요.

❷ 상대방에게 중국어 공부에 대해 물어보세요.

lí 梨 배	xīguā 西瓜 수박	cǎoméi 草莓 딸기
pútao 葡萄 포도	xiāngjiāo 香蕉 바나나	júzi 桔子 귤
chéngzi 橙子 오렌지	níngméng 柠檬 레몬	táozi 桃子 복숭아
mángguǒ 芒果 망고	bōluó 菠萝 파인애플	lánméi 蓝莓 블루베리

❶ 중국의 온라인 쇼핑몰

중국에서도 인터넷 주문이 보편화되면서 온라인 쇼핑몰이 폭발적으로 늘어났다. 그렇다면 중국의 가장 대표적인 인터넷 쇼핑몰은 어디일까?

타오바오 淘宝 Táobǎo

중국 최대 온라인 쇼핑몰

중국 10대 테크기업인 알리바바 그룹이 운영하는 온라인 쇼핑몰로, 현재 중국에서 가장 큰 쇼핑 플랫폼이다. "생각지 못한 물건은 있어도, 타오바오에서 구할 수 없는 물건은 없다"는 말이 나올 정도로 타오바오에서는 매우 다양한 상품들이 판매된다. 회원수는 5억여명이며 매일 평균 6천만명의 이용자가 있고, 분당 약 5만만 건의 상품이 거래될 만큼 전세계적인 글로벌 플랫폼으로 성장했다.

징둥 京东 Jīngdōng

당일 배송 자랑하는 중국의 아마존

징둥은 타오바오와 오랫동안 경쟁해 온 중국의 대표적인 쇼핑 플랫폼이다. 2007년 10월 베이징·상하이·광저우 3개 지역에서 모바일 POS 카드결제 서비스를 시작해 중국 모바일 전자상거래의 시초가 되었다. 징둥은 자체 배송 시스템을 구축해 빠른 배송이 곧 경쟁력인 시장에서 우위를 점했다. 당일 배송 서비스를 제공하고, 늦어도 결제 다음날이면 물건을 배송 받을 수 있다.

핀둬둬 拼多多 Pīn duōduō

합리적인 가격의 공동구매 플랫폼

가족이나 친구와 함께 저렴한 가격에 좋은 제품을 공동구매할 수 있는 중국 최저가 인터넷 쇼핑몰이다. 많은 사람들이 공동구매를 통해 저렴한 가격에 좋은 제품을 구매하고, 더욱 많은 혜택과 재미를 느낄 수 있도록 하고 있다. 2015년 혜성처럼 등장한 이후 불과 몇 년 만에 8억 명이 넘는 이용자를 끌어 모을 정도로 많은 사람들이 이용하는 플랫폼이다.

웨이핀후이 唯品会 Wéi pǐn huì

중국의 온라인 명품 아울렛

유명 글로벌 브랜드의 정품을 취급하는 온라인 아울렛이다. 유명 브랜드의 상품을 할인된 가격으로 판매하는데, 화장품·의류·가구·사치품이 주를 이루며 수천개의 브랜드가 있다. 7일 내에 특별한 사유 없이 반품이나 교환이 가능하고, 합리적인 가격에 정품을 구매할 수 있어 중국의 여성 소비자들 사이에서 큰 인기를 누리고 있다.

我是独生子。

나는 외동아들이야.

가족 관계와 나이를 묻고 말할 수 있다.

你家有几口人?

你今年多大?

您多大年纪?

단어 ❶

- 家 jiā 명 집
- 有 yǒu 동 있다
- 几 jǐ 대 몇
- 口 kǒu 명 식구[가족 수를 셀 때 쓰임]
- 四 sì 수 4, 넷

- 哥哥 gēge 명 형, 오빠
- 和 hé 접 ~와/과
- 三 sān 수 3, 셋
- 独生子 dúshēngzǐ 명 외동아들

단어 ❶
쓰기

- 집　_ _ _ _ _ _ _ _ _ _ _
- 있다　_ _ _ _ _ _ _ _ _ _ _
- 몇　_ _ _ _ _ _ _ _ _ _ _
- 식구　_ _ _ _ _ _ _ _ _ _ _
- 4, 넷　_ _ _ _ _ _ _ _ _ _ _

- 형, 오빠　_ _ _ _ _ _ _ _ _ _ _
- ~와/과　_ _ _ _ _ _ _ _ _ _ _
- 3, 셋　_ _ _ _ _ _ _ _ _ _ _
- 외동아들　_ _ _ _ _ _ _ _ _ _ _

명철   你家有几口人?
Nǐ jiā yǒu jǐ kǒu rén?

리리   四口人。爸爸、妈妈、哥哥和我。你家呢?
Sì kǒu rén.   Bàba、 māma、 gēge hé wǒ.   Nǐ jiā ne?

명철   我家有三口人。爸爸、妈妈和我。我是独生子。
Wǒ jiā yǒu sān kǒu rén. Bàba、 māma hé wǒ.   Wǒ shì dúshēngzǐ.

회화 ❶
쓰기

명철   너희 집은 식구가 몇 명이니?

리리   네 식구야. 아빠, 엄마, 오빠 그리고 나. 너희 집은?

명철   우리 집은 세 식구야. 아빠, 엄마 그리고 나. 나는 외동아들이야.

단어 ❷

- **今年** jīnnián 명 올해
- **多大** duō dà (나이가) 몇인가?
- **二** èr 수 2, 둘
- **十** shí 수 10, 열

- **一** yī 수 1, 하나
- **岁** suì 양 세, 살
- **年纪** niánjì 명 연령, 나이
- **秘密** mìmì 명 비밀

단어 ❷
쓰기

- 올해
- (나이가) 몇인가?
- 2, 둘
- 10, 열

- 1, 하나
- 세, 살
- 연령, 나이
- 비밀

회화 ❷

선생님 你今年多大?
Nǐ jīnnián duō dà?

명철 我今年二十一岁。老师，您多大年纪?
Wǒ jīnnián èrshíyī suì.　　Lǎoshī,　nín duō dà niánjì?

선생님 秘密!
Mìmì!

회화 ❷ 쓰기

선생님 　너는 올해 몇 살이니?

명철 　저는 올해 스물한 살입니다. 선생님은 연세가 어떻게 되세요?

선생님 　비밀이다!

해설

01 你家有几口人?

'有'자문

소유를 나타내는 '有'자가 서술어인 문장을 '有'자문이라고 한다. 부정 형식은 '有'앞에 '没'를 붙여 '没有'로 쓰며 '不'는 사용하지 않는다.

这儿有苹果。 여기에 사과가 있습니다.
Zhèr yǒu píngguǒ.

我没有哥哥。 저는 형이(오빠가) 없습니다.
Wǒ méiyǒu gēge.

A **你有汉语书吗?** 당신은 중국어 책을 가지고 있습니까?
Nǐ yǒu Hànyǔ shū ma?

B **我有。/ 我没有。** 저는 있습니다. / 저는 없습니다.
Wǒ yǒu. / Wǒ méiyǒu.

가족 수를 묻는 표현

'几口人'에서 '几'는 '몇'이라는 뜻으로 일반적으로 10보다 작은 수를 물을 때 사용한다. '口'는 가족 수를 물을 때만 사용하며, 기타 상황에서 인원수를 물을 때는 '个'를 사용한다.

A **你家有几口人?** 너희 집은 식구가 몇 명이니?
Nǐ jiā yǒu jǐ kǒu rén?

B **我家有三口人。爸爸、妈妈和我。** 우리 집은 세 식구야. 아빠, 엄마 그리고 나.
Wǒ jiā yǒu sān kǒu rén. Bàba、māma hé wǒ.

A **你家有几个人?** 너희 집에 몇 명 있어?
Nǐ jiā yǒu jǐ ge rén?

B **三个人。丽丽、明哲和我。** 세 명. 리리, 명철이 그리고 나.
Sān ge rén. Lìli、Míngzhé hé wǒ.

단어

这儿 zhèr 명 여기, 이곳   个 ge 양 개, 명, 사람(사람 또는 사물을 셀 때 쓰임)

02 我今年二十一岁。

숫자 읽기

중국의 숫자 표현은 매우 간단하여 1부터 10까지 수를 알면 99까지 말할 수 있다. 중국의 숫자 표현은 한국과 거의 차이가 없지만 숫자 '1(一)'의 성조와 숫자 '0(零)'의 쓰임에 유의해야 한다. 또한 숫자 2는 양사와 결합하는 경우 ' 二' 대신 '两(liǎng)'을 사용한다.

1	一 yī	2	二 èr	3	三 sān	4	四 sì	5	五 wǔ
6	六 liù	7	七 qī	8	八 bā	9	九 jiǔ	10	十 shí
11	十一 shíyī	27	二十七 èrshíqī	38	三十八 sānshíbā	49	四十九 sìshíjiǔ	50	五十 wǔshí
64	六十四 liùshísì	75	七十五 qīshíwǔ	86	八十六 bāshíliù	92	九十二 jiǔshí'èr	99	九十九 jiǔshíjiǔ
0	零 líng	백	一百 yìbǎi	천	一千 yìqiān	만	一万 yíwàn	억	一亿 yíyì

03 你今年多大?

나이를 묻는 표현

'多大'는 동년배나 아랫사람에게 편하게 나이를 물을 때 사용한다. 윗사람의 나이를 물을 때는 '多大年纪'를 사용하며, 10살 이하의 어린아이의 나이를 물을 때는 '几岁'를 사용한다.

❶ 어린아이의 나이를 물을 때

A **你弟弟今年几岁?**　네 동생은 올해 몇 살이야?
　Nǐ dìdi jīnnián jǐ suì?

B **他七岁。**　일곱 살이야.
　Tā qī suì.

❷ 동년배나 아랫사람의 나이를 물을 때

A **你今年多大?**　올해 몇 살입니까?
　Nǐ jīnnián duō dà?

B **我二十一岁。**　저는 스물한 살입니다.
　Wǒ èrshíyī suì.

❸ 윗사람의 나이를 물을 때

A **你爸爸今年多大年纪?**　당신의 아버님은 올해 연세가 어떻게 되십니까?
　Nǐ bàba jīnnián duō dà niánjì?

B **他今年五十六岁。**　그는 올해 쉰여섯 살입니다.
　Tā jīnnián wǔshíliù suì.

단어

弟弟 dìdi 몡 남동생

01 발음을 연습해 보세요. 🎧 06-05

① 赞同 zàntóng   增加 zēngjiā   罪人 zuìrén   宗教 zōngjiào

② 参加 cānjiā   仓库 cāngkù   存在 cúnzài   挫折 cuòzhé

③ 思考 sīkǎo   色调 sèdiào   孙女 sūnnǚ   私立 sīlì

④ 幼儿园 yòu'éryuán   研究 yánjiū   严格 yángé   浴室 yùshì

⑤ 文化 wénhuà   无能 wúnéng   武术 wǔshù   危险 wēixiǎn

02 녹음과 일치하는 단어를 골라 보세요. 🎧 06-06

① A 家   B 口   C 岁   D 多   (　　)

② A 几   B 四   C 十   D 二   (　　)

③ A 多大   B 年纪   C 非常   D 独生子   (　　)

④ A 秘密   B 名字   C 明天   D 今年   (　　)

03 알맞은 문장을 적어 대화를 완성해 보세요.

① A ＿＿＿＿＿＿＿＿＿＿＿   B 有，我有哥哥。

② A ＿＿＿＿＿＿＿＿＿＿＿   B 我今年二十一岁。

③ A 你爸爸今年多大年纪?   B ＿＿＿＿＿＿＿＿＿＿＿

④ A 你家有几口人?   B ＿＿＿＿＿＿＿＿＿＿＿

연습문제

04 어울리는 문장을 찾아 연결해 보세요.

❶ 你家有几口人?　　　　　A 我不是独生子，我有哥哥。

❷ 你有哥哥吗?　　　　　　B 我家有四口人。

❸ 你是独生子吗?　　　　　C 我今年二十二岁。

❹ 这是秘密吗?　　　　　　D 我有哥哥。

❺ 你今年多大?　　　　　　E 是的，这是秘密。

05 주어진 단어를 알맞은 순서로 배열하여 문장을 완성해 보세요.

❶ 多　你　大　今年　哥哥　＿＿＿＿＿＿＿＿＿＿＿＿＿＿＿＿＿

❷ 苹果　这儿　有　没　＿＿＿＿＿＿＿＿＿＿＿＿＿＿＿＿＿＿＿

❸ 有　吗　他　汉语书　＿＿＿＿＿＿＿＿＿＿＿＿＿＿＿＿＿＿＿

❹ 多大　爸爸　今年　他　年纪　＿＿＿＿＿＿＿＿＿＿＿＿＿＿＿

❺ 口　有　你　家　几　人　＿＿＿＿＿＿＿＿＿＿＿＿＿＿＿＿＿

06 본문 회화를 참고하여 다음 주제에 맞게 대화해 보세요.

❶ 상대방의 가족 구성원에 대해 물어보세요.

❷ 상대방의 나이를 물어보세요.

Q 중국인이 좋아하는 숫자

8 : 八 Bā

중국인들이 가장 좋아하는 숫자는 '8'이다. '8'은 중국어로 '八(bā)'라고 발음하는데, 이 발음이 '돈을 벌다'라는 뜻을 가진 '发财(fācái)'의 '发(fā)'와 비슷해 행운의 의미로 여겨진나. '8'에 대한 중국인들의 애정은 매우 깊은데, 2008년 베이징 올림픽의 개회식을 8월 8일 저녁 8시에 시행한 것만 봐도 중국인들이 얼마나 '8'을 사랑하는지 알 수 있다.

6 : 六 Liù

숫자 '8'이 돈을 잘 벌어 부자가 되는 것을 뜻한다면, 숫자 '6'은 일이 순조롭게 잘 풀린다는 것을 의미한다. 중국어로 '6'은 '六(liù)'라고 발음하는데, 이는 '흐르다'는 뜻의 流(liú)와 발음이 비슷하다. 중국인들은 자신의 일이 흐르는 물처럼 순탄하게 잘 풀리길 바라는 마음에서 숫자 '6'을 선호한다.

9 : 九 Jiǔ

숫자 '9'도 '8', '6'과 마찬가지로 중국인이 좋아하는 숫자 중 하나다. '9'를 뜻하는 '九(jiǔ)'는 '오래 산다'라는 의미를 가진 '久(jiǔ)'와 발음이 비슷해 영원과 장수의 의미로 여겨진다. 이 때문에 연인끼리 999송이 장미로 사랑을 고백하기도 한다.

Q 중국인이 싫어하는 숫자

4 : 四 Sì

한국과 마찬가지로 중국인들에게 가장 환영받지 못하는 숫자는 '4'다. 숫자 '4'를 나타내는 四(sì)가 죽음을 의미하는 '死(sǐ)'의 발음과 비슷하기 때문이다. 따라서 전화번호나 차량 번호 등은 '4'를 사용하는 것을 피한다.

7 : 七 Qī

서양에서 '7'은 행운의 숫자로 널리 인식되지만, 중국에서 '7'은 부정적인 의미를 담고 있다. 숫자 '7'을 뜻하는 '七(qī)'의 발음이 '气(qì, 화를 내다)'와 유사하기 때문이다. 실제로 중국인들은 길일을 택할 때 7일, 17일, 27일은 피한다.

3 : 三 Sān

숫자 '3'은 중국어로 '三(sān)'이라고 발음하는데, '흩어지다, 분산되다'라는 뜻을 가진 '散(sàn)'과 비슷해 재물이 흩어진다고 여겨 좋아하지 않는다.

你去哪儿?

너 어디 가니?

학습 목표

장소를 나타내는 표현을 말할 수 있다.

기본 표현

你去哪儿?

你在哪儿?

我不去。

단어 ❶

- 去 qù 동 가다

- 哪儿 nǎr 대 어디

- 饭馆儿 fànguǎnr 명 식당, 음식점

- 一起 yìqǐ 부 같이

- 饿 è 형 배고프다

- 吧 ba 조 ~하자, ~해라

단어❶ 쓰기

- 가다

- 어디

- 식당, 음식점

- 같이

- 배고프다

- ~하자, ~해라

회화 ❶

리리　**明哲，你去哪儿?**
Míngzhé, nǐ qù nǎr?

명철　**我去饭馆儿。一起去吗?**
Wǒ qù fànguǎnr.　Yìqǐ qù ma?

리리　**我不饿，你去吧。**
Wǒ bú è,　 nǐ qù ba.

회화❶ 쓰기

리리　　명철아, 너 어디 가니?

명철　　나 식당에 가. 같이 갈래?

리리　　나는 배가 고프지 않은데, 너 (혼자) 가.

07-03

단어 ❷

- 在 zài 통 ~에 있다

- 图书馆 túshūguǎn 명 도서관

- 来 lái 통 오다

- 咖啡厅 kāfēitīng 명 카페, 커피숍

단어 ❷
쓰기

- ~에 있다 _____

- 도서관 _____

- 오다 _____

- 카페, 커피숍 _____

회화 ❷

명철 丽丽，你在哪儿?
　　　Lìli,　　nǐ zài nǎr?

리리 我在图书馆。明哲，你来吗?
　　　Wǒ zài túshūguǎn.　Míngzhé,　nǐ lái ma?

명철 我不去，我在咖啡厅。
　　　Wǒ bú qù,　wǒ zài kāfēitīng.

회화 ❷
쓰기

명철 리리야, 너 어디에 있니?

_____

리리 나는 도서관에 있어. 명철아, 너 올거야?

_____

명철 나 안 가고, 카페에 있을 거야.

_____

01 你去哪儿?

의문대명사

'哪儿'은 '어디'라는 뜻으로 의문을 나타내는 대명사다. 이처럼 의문대명사가 있는 문장에는 이미 질문을 나타내는 단어가 포함되어 있기 때문에 문장 끝에 '吗'를 붙여서는 안 된다. 자주 쓰이는 의문대명사로는 '哪儿' 외에도 '什么', '几', '谁' 등이 있다.

A **这是哪儿?** 여기는 어디입니까?
Zhè shì nǎr?

B **这是图书馆。** 여기는 도서관입니다.
Zhè shì túshūguǎn.

A **你是哪国人?** 당신은 어느 나라 사람입니까?
Nǐ shì nǎ guó rén?

B **我是韩国人。** 저는 한국인입니다.
Wǒ shì Hánguó rén.

A **你家有几口人?** 식구가 몇 명입니까?
Nǐ jiā yǒu jǐ kǒu rén?

B **我家有三口人。** 우리 가족은 세 명입니다.
Wǒ jiā yǒu sān kǒu rén.

A **他是谁?** 그는 누구입니까?
Tā shì shéi?

B **他是我的老师。** 그는 저의 선생님입니다.
Tā shì wǒ de lǎoshī.

단어

谁 shéi 대 누구

100

02 你在哪儿?

'在'의 동사 용법

동사 '在'는 '~에 있다'라는 뜻으로, '사람(사물)+在+장소' 형식으로 쓰여 사람이나 사물이 어느 장소에 있는지 나타낸다.

我在家，哥哥在图书馆。　저는 집에 있고, 형은(오빠는) 도서관에 있어요.
Wǒ zài jiā, gēge zài túshūguǎn.

爸爸在中国，妈妈在美国。　아버지는 중국에 계시고, 어머니는 미국에 계십니다.
Bàba zài Zhōngguó, māma zài Měiguó.

A 王老师在家吗?　왕 선생님은 댁에 계십니까?
　Wáng lǎoshī zài jiā ma?

B 他不在(家)，在学校。　(댁에) 안 계시고, 학교에 계십니다.
　Tā bú zài(jiā), zài xuéxiào.

'在'의 개사 용법

'在'가 개사(전치사)로로 쓰이는 경우, 기본 형식은 '사람+在+장소+동사'로 '~에서'라는 의미로 해석한다.

我在家休息。　저는 집에서 쉬고 있습니다.
Wǒ zài jiā xiūxi.

哥哥在图书馆看书。　형은(오빠는) 도서관에서 책을 봅니다.
Gēge zài túshūguǎn kàn shū.

王老师在饭馆儿吃饭。　왕 선생님은 식당에서 밥을 먹습니다.
Wáng lǎoshī zài fànguǎnr chī fàn.

爸爸在中国工作。　아버지는 중국에서 일합니다.
Bàba zài zhōngguó gōngzuò.

学校 xuéxiào 명 학교　休息 xiūxi 통 쉬다　看 kàn 통 보다. 읽다　吃饭 chī fàn 통 밥을 먹다
工作 gōngzuò 통 일하다

해설

'在'의 부사 용법

'在'는 부사로 쓰여 동작의 진행을 나타내기도 한다. 한국어로는 '~하고 있다', '~하는 중이다'라고 해석할 수 있으며, 기본 형식은 '주어+在+동사'다.

我在休息。　　서는 쉬고 있습니다.
Wǒ zài xiūxi.

哥哥在看书。　　형은(오빠는) 책을 보고 있습니다.
Gēge zài kàn shū.

王老师在吃饭。　　왕 선생님은 식사를 하고 계십니다.
Wáng lǎoshī zài chī fàn.

爸爸在工作。　　아버지께서 일하고 계십니다.
Bàba zài gōngzuò.

01 발음을 연습해 보세요. 🎧 07-05

① 儿童 értóng　花儿 huār　　而且 érqiě　　画儿 huàr

② 女儿 nǚ'ér　名牌儿 míngpáir　小孩儿 xiǎoháir　哥们儿 gēmenr

③ 点儿 diǎnr　今儿 jīnr　　人儿 rénr　　玩儿 wánr

02 녹음을 듣고 본문의 내용과 맞으면 √를 틀리면 x를 쓰시오. 🎧 07-06

회화 1

① 他们都去饭馆儿。　　　　　　　　　　（　）

② 丽丽不饿。　　　　　　　　　　　　　（　）

회화 2

③ 丽丽在咖啡厅。　　　　　　　　　　　（　）

④ 明哲在图书馆。　　　　　　　　　　　（　）

03 알맞은 문장을 적어 대화를 완성해 보세요.

① A ＿＿＿＿＿＿＿＿＿　　B 我去饭馆儿。

② A ＿＿＿＿＿＿＿＿＿　　B 我在咖啡厅。

③ A 你饿不饿?　　　　　　B ＿＿＿＿＿＿＿＿＿

④ A 他在图书馆吗?　　　　B ＿＿＿＿＿＿＿＿＿

연습문제

04 어울리는 문장을 찾아 연결해 보세요.

❶ 你在哪儿?　　　　　　　A 我不去，我去咖啡厅。

❷ 你哥哥来咖啡厅吗?　　　B 妈妈不在家。

❸ 我去饭馆儿。一起去吗?　C 我在图书馆。

❹ 妈妈在家吗?　　　　　　D 她很饿。

❺ 她饿不饿?　　　　　　　E 我哥哥不去。

05 주어진 단어를 알맞은 순서로 배열하여 문장을 완성해 보세요.

❶ 哪儿　去　王老师　　　　＿＿＿＿＿＿＿＿＿＿＿＿

❷ 是　哪儿　这　　　　　　＿＿＿＿＿＿＿＿＿＿＿＿

❸ 我　汉语　图书馆　在　学　＿＿＿＿＿＿＿＿＿＿＿＿

❹ 去　吧　一起　我们　咖啡厅　＿＿＿＿＿＿＿＿＿＿＿＿

❺ 都　他们　也　不太　饿　　＿＿＿＿＿＿＿＿＿＿＿＿

06 본문 회화를 참고하여 다음 주제에 맞게 대화해 보세요.

❶ 상대방 가족이 어디에 있는지 물어보세요.

❷ 상대방과 식사 약속을 잡아 보세요.

yóujú 邮局 우체국	shūdiàn 书店 서점	yínháng 银行 은행
chāoshì 超市 마트	měifàtīng 美发厅 미용실	xǐyīdiàn 洗衣店 세탁소
yīyuàn 医院 병원	yàodiàn 药店 약국	bǎihuò shāngdiàn 百货商店 백화점
wǎngbā 网吧 PC방	táiqiútīng 台球厅 당구장	wénjùdiàn 文具店 문구점

문화

ⓠ 중국의 대중교통 어플

한국과 마찬가지로 중국에도 다양한 대중교통 어플이 있다. 중국인들이 자주 사용하는 어플 중에는 어떤 것들이 있을까? 함께 알아보도록 하자.

가오더 지도 高德地图 Gāodé Dìtú

월 사용자가 6억명에 달하는 중국의 대표적인 네비게이션 어플이다. 네비게이션 기능뿐만 아니라 실시간 버스 위치나 시간, 택시 예상 금액과 최적의 거리 정보를 알려주며 주변 맛집과 숙소 정보도 제공한다.

티에루12306 铁路12306 Tiělù12306

중국 철도 고객 서비스센터에서 출시한 어플로, 기차표 예매와 시간 변경 등의 서비스를 제공한다. 기차표를 예매할 수 있는 어플은 다양하지만, 티에루12306 어플을 이용하면 수수료 없이 간편하게 표를 구매할 수 있는 장점이 있다.

취나알 去哪儿 Qù nǎr

2005년부터 서비스된 중국을 대표하는 온라인 여행 서비스 어플이다. 항공권·기차표·호텔·입장권 등 다양한 여행 관광 서비스를 제공하는 것이 특징이다.

디디추싱 滴滴出行 Dīdī Chūxíng

가장 가까운 곳에 있는 택시나 차량을 배차해 주는 중국의 차량 공유 서비스로 중국판 우버(Uber)로 불린다. 편리한 결제 방식과 할인 혜택 및 쿠폰 제공 등의 장점을 바탕으로 많은 고객들을 확보하고 있다.

今天星期天。

오늘은 일요일이야.

날짜와 요일을 묻고 답할 수 있다.

今天星期几?

我没有课。

你的生日是几月几号?

단어 ❶

- 今天 jīntiān 명 오늘

- 星期 xīngqī 명 요일, 주

- 星期天 xīngqītiān 명 일요일

- 明天 míngtiān 명 내일

- 星期一 xīngqīyī 명 월요일

- 课 kè 명 수업

- 没有 méiyǒu 통 없다

단어❶ 쓰기

- 오늘　_ _ _ _ _ _ _ _ _ _

- 요일, 주　_ _ _ _ _ _ _ _ _ _

- 일요일　_ _ _ _ _ _ _ _ _ _

- 내일　_ _ _ _ _ _ _ _ _ _

- 월요일　_ _ _ _ _ _ _ _ _ _

- 수업　_ _ _ _ _ _ _ _ _ _

- 없다　_ _ _ _ _ _ _ _ _ _

회화 ❶

리리　今天星期几？
　　　Jīntiān xīngqī jǐ?

명철　今天星期天。
　　　Jīntiān xīngqītiān.

　　　明天星期一，我有课。
　　　Míngtiān xīngqīyī,　wǒ yǒu kè.

리리　我没有课。
　　　Wǒ méiyǒu kè.

회화 ❶
쓰기

리리　　　오늘은 무슨 요일이지?

- -

명철　　　오늘은 일요일이야. 내일은 월요일이고, 나는 수업이 있어.

- -

리리　　　나는 수업이 없어.

- -

단어 ❷

- 生日 shēngrì 명 생일

- 月 yuè 명 월

- 号 hào 명 일

- 五 wǔ 수 5, 다섯

- 七 qī 수 7, 일곱

- 八 bā 수 8, 여덟

- 六 liù 수 6, 여섯

단어 ❷ 쓰기

- 생일

- 월

- 일

- 5, 다섯

- 7, 일곱

- 8, 여덟

- 6, 여섯

회화 ❷

리리 **明哲，你的生日是几月几号？**
Míngzhé, nǐ de shēngrì shì jǐ yuè jǐ hào?

명철 **我的生日是五月七号。你呢？**
Wǒ de shēngrì shì wǔ yuè qī hào. Nǐ ne?

리리 **我的生日是八月十六号。**
Wǒ de shēngrì shì bā yuè shíliù hào.

회화 ❷
쓰기

리리   명철아, 네 생일은 몇 월 며칠이야?

명철   내 생일은 5월 7일이야. 너는?

리리   내 생일은 8월 16일이야.

----

01 今天星期天。

명사술어문

명사나 명사구 수량사가 서술어가 되는 문장을 명사술어문이라고 하는데, 주로 날짜·시간·나이·금액 등을 나타낼 때 사용한다. '~이다'라는 의미를 가진 '是'를 사용하지 않는 것이 일반적이지만, 명사를 강조하고자 할 때 '是'를 붙일 수 있다. 부정 형식은 명사 술어 앞에 '不是'를 붙인다.

他今年二十一岁。　　그는 올해 스물한 살입니다.
Tā jīnnián èrshíyī suì.

今天星期一。　　오늘은 월요일입니다.
Jīntiān xīngqīyī.

他的生日是五月八号。　　그의 생일은 5월 8일입니다.
Tā de shēngrì shì wǔ yuè bā hào.

他不是二十五岁，是二十三岁。　　그는 스물다섯 살이 아니라 스물세 살입니다.
Tā bú shì èrshíwǔ suì, shì èrshísān suì.

明天不是五号，是六号。　　내일은 5일이 아니라 6일입니다.
Míngtiān bú shì wǔ hào, shì liù hào.

02 我的生日是八月十六号。

날짜 표현

중국어의 날짜 표현은 한국어와 마찬가지로 년, 월, 일 순서대로 쓰인다. 년은 '年', 월은 '月', 일은 '日' 또는 '号'로 말하며, '몇 월 며칠'인지 물을 때는 의문사 '几'를 사용해 '几月几号'라고 표현한다.

❶ '년'을 나타내는 방법
중국어로 '년'을 말할 때는 숫자를 끊어서 읽는다. 이때 숫자 1은 성조 변화 없이 yī로 발음한다.

2023년	1998년	2005년
二零二三年 èr líng èr sān nián	一九九八年 yī jiǔ jiǔ bā nián	二零零五年 èr líng líng wǔ nián

❷ '월'을 나타내는 방법
중국어로 '월'을 말할 때는 한국어와 마찬가지로 숫자 1~12 뒤에 '月'를 붙이면 된다.

1월	2월	3월	4월	5월	6월
一月 yī yuè	二月 èr yuè	三月 sān yuè	四月 sì yuè	五月 wǔ yuè	六月 liù yuè
7월	**8월**	**9월**	**10월**	**11월**	**12월**
七月 qī yuè	八月 bā yuè	九月 jiǔ yuè	十月 shí yuè	十一月 shíyī yuè	十二月 shí'èr yuè

 단어

年 nián 몡 해, 년

해설

③ '일'을 나타내는 방법

'일'을 표시할 때는 1~31 숫자 뒤에 '日'나 '号'를 붙이면 된다. 입말에서는 '号'를, 글말에서는 '日'를 사용한다.

④ '요일'을 나타내는 방법

요일을 말할 때 '星期' 뒤에 숫자를 붙여 표현하는데, 예외적으로 일요일은 '星期天' 또는 '星期日' 라고 말한다. '星期' 대신 '周(zhōu)'를 사용하기도 하는데 '周'를 사용할 경우 일요일은 '周日(zhōurì)'라고 표현한다.

월요일	화요일	수요일	목요일	금요일	토요일	일요일
星期一 xīngqīyī	星期二 xīngqī'èr	星期三 xīngqīsān	星期四 xīngqīsì	星期五 xīngqīwǔ	星期六 xīngqīliù	星期天 xīngqītiān
周一 zhōuyī	周二 zhōu'èr	周三 zhōusān	周四 zhōusì	周五 zhōuwǔ	周六 zhōuliù	周日 zhōurì

⑤ 기타 날짜 표현

그저께	어제	오늘	내일	모레
前天 qiántiān	昨天 zuótiān	今天 jīntiān	明天 míngtiān	后天 hòutiān

单어

周 zhōu 명 주, 요일

연습문제

01 발음을 연습해 보세요.

🎧 08-05

① 弟弟 dìdi　　　豆腐 dòufu　　　福气 fúqi　　　功夫 gōngfu

② 核桃 hétao　　　粮食 liángshi　　馒头 mántou　　瓶子 píngzi

③ 商量 shāngliang　兄弟 xiōngdi　　学生 xuésheng　运气 yùnqi

02 녹음을 듣고 본문의 내용과 맞으면 √를 틀리면 x를 쓰시오.

🎧 08-06

회화 1

① 今天星期天。　　　　　　　　　　　　　　(　)

② 他们明天都有课。　　　　　　　　　　　　(　)

회화 2

③ 丽丽的生日是六月十八号。　　　　　　　　(　)

④ 明哲的生日在五月。　　　　　　　　　　　(　)

03 알맞은 문장을 적어 대화를 완성해 보세요.

① A _ _ _ _ _ _ _ _ _ _ _ _ _ _ 　　B 我的生日是五月八号。

② A _ _ _ _ _ _ _ _ _ _ _ _ _ _ 　　B 今天星期四。

③ A 妈妈的生日是几月几号？　　　　B _ _ _ _ _ _ _ _ _ _ _ _ _ _

④ A 明天你有汉语课吗？　　　　　　B _ _ _ _ _ _ _ _ _ _ _ _ _ _

04 어울리는 문장을 찾아 연결해 보세요.

❶ 你的生日是几月几号?　　　　　A 今天星期天。

❷ 老师的生日是十月一号吗?　　　B 我也有汉语课。

❸ 今天星期几?　　　　　　　　　C 明天他没有课。

❹ 明天他有课吗?　　　　　　　　D 是的。老师的生日是十月一号。

❺ 我今天有汉语课。你呢?　　　　E 我的生日是五月八号。

05 주어진 단어를 알맞은 순서로 배열하여 문장을 완성해 보세요.

❶ 明天　几　星期　　　＿＿＿＿＿＿＿＿＿＿＿＿＿＿＿

❷ 不是　今天　星期一　＿＿＿＿＿＿＿＿＿＿＿＿＿＿＿

❸ 课　星期天　没有　我　＿＿＿＿＿＿＿＿＿＿＿＿＿＿

❹ 几月　老师的　几号　生日　是　＿＿＿＿＿＿＿＿＿＿

❺ 课　他们　有　吗　今天　＿＿＿＿＿＿＿＿＿＿＿＿＿

06 본문 회화를 참고하여 다음 주제에 맞게 대화해 보세요.

❶ 오늘이 몇 월 며칠 무슨 요일인지 상대방에게 물어보세요.

❷ 상대방의 생일을 물어보세요.

Yuándànjié **元旦节** 원단절[신정] 양력 1월 1일	Chūnjié **春节** 춘절[설날] 음력 1월 1일	Yuánxiāojié **元宵节** 원소절[정월 대보름] 음력 1월 15일
Qíngrénjié **情人节** 정인절[밸런타인데이] 양력 2월 14일	Fùnǚjié **妇女节** 부녀절[국제 여성의 날] 양력 3월 8일	Duānwǔjié **端午节** 단오절 음력 5월 15일
Értóngjié **儿童节** 아동절[어린이날] 양력 6월 1일	Jiànjūnjié **建军节** 건군절[국군의 날] 양력 8월 1일	Zhōngqiūjié **中秋节** 중추절[추석] 음력 8월 15일
Chóngyángjié **重阳节** 중양절 음력 9월 9일	Guóqìngjié **国庆节** 국경절[건국기념일] 양력 10월 1일	Shèngdànjié **圣诞节** 성탄절[크리스마스] 양력 12월 25일

문화

❓ 번호 읽기

중국어로 전화번호나 방 번호를 말할 때는 년도를 읽을 때처럼 숫자를 끊어서 말한다. 단, 1은 'yī'로 발음하지 않고, 'yāo'로 발음하는데, 'yī'라는 발음이 숫자 7의 'qī'라는 발음과 비슷하게 들리기 때문이다.

> ### líng yāo líng yāo èr sān sì wǔ liù qī bā
> 010 - 1234 - 5678

> ### bā líng liù fángjiān
> 806房间 (806호실)

> ### yāo líng qī fángjiān
> 107房间 (107호실)

버스 번호를 말할 때에는 번호가 두 자리 이하일 경우 일반적인 숫자와 동일하게 표현하지만, 세 자리 이상일 경우에는 전화번호처럼 숫자를 끊어 말한다. 전화번호나 방 번호를 말할 때와 마찬가지로 1은 'yāo'로 발음한다.

> ### bāshíjiǔ lù
> 89路 (89번 버스)

> ### yāo yāo èr lù
> 112路 (112번 버스)

> ### liù líng yāo lù
> 601路 (601번 버스)

> ### qī qī sān yāo lù
> 7731路 (7731번 버스)

단어

房间 fángjiān 명 방, 호실, 호수 路 lù 명 노선

现在几点?

지금 몇 시야?

시간과 일과 표현을 말할 수 있다.

现在几点?

我们几点有课?

我下午两点五十分下课。

단어 ❶

- 现在 xiànzài 몡 지금

- 点 diǎn 몡 시

- 上午 shàngwǔ 몡 오전

- 九 jiǔ 수 9, 아홉

- 半 bàn 수 반, 절반

- 我们 wǒmen 대 우리(들)

단어❶ 쓰기

- 지금 _ _ _ _ _ _ _ _
- 시 _ _ _ _ _ _ _ _
- 오전 _ _ _ _ _ _ _ _

- 9, 아홉 _ _ _ _ _ _ _ _
- 반, 절반 _ _ _ _ _ _ _ _
- 우리(들) _ _ _ _ _ _ _ _

회화 ❶

리리 **现在几点?**
Xiànzài jǐ diǎn?

명철 **上午九点半。**
Shàngwǔ jiǔ diǎn bàn.

리리 **我们几点有课?**
Wǒmen jǐ diǎn yǒu kè?

명철 **十一点。**
Shíyī diǎn.

회화❶
쓰기

리리   지금 몇 시야?

명철   오전 9시 반이야.

리리   우리 몇 시에 수업 있지?

명철   열한 시.

단어 ❷

- **下课** xiàkè 동 수업을 마치다

- **下午** xiàwǔ 명 오후

- **两** liǎng 수 2, 둘

- **分** fēn 명 분

- **吃** chī 동 먹다

- **晚饭** wǎnfàn 명 저녁밥

- **啊** a 조 문장 끝에 쓰여 긍정·의문·감탄
  등을 나타내는 어기조사

단어 ❷ 쓰기

- 수업을 마치다 _____

- 오후 _____

- 2, 둘 _____

- 분 _____

- 먹다 _____

- 저녁밥 _____

- 긍정을 나타내는 어기조사

  _____

회화 ❷

리리 **明哲，明天你几点下课?**
Míngzhé, míngtiān nǐ jǐ diǎn xiàkè?

명철 **我下午两点五十分下课。**
Wǒ xiàwǔ liǎng diǎn wǔshí fēn xiàkè.

我们一起吃晚饭吧!
Wǒmen yìqǐ chī wǎnfàn ba!

리리 **好啊!**
Hǎo a!

 회화 ❷ 쓰기

리리 명철아, 내일 너 몇 시에 수업 끝나?

- -

명철 오후 2시 50분에 끝나. 우리 같이 저녁 먹자!

- -

리리 좋아!

- -

上午九点半。

시간 표현

중국어의 시간 표현은 한국어와 비슷하다. 몇 시냐고 물어볼 때는 의문대명사 几를 사용해서 '现在几点'이라고 표현하며, 시는 '点', 분은 '分', 30분은 '半'으로 나타낸다. 주의할 점은 2시는 '二点'이 아니라 '两点'으로, 10분 미만의 시간을 표현할 때는 숫자 앞에 '0(零)'을 붙여 표현하기도 한다.

6:05

六点(零)五分
liù diǎn (líng) wǔ fēn

2:10

两点十分
liǎng diǎn shí fēn

7:30

七点半 qī diǎn bàn
七点三十分 qī diǎn sānshí fēn

15분을 나타내는 단어로 '刻'를 쓰기도 하며, 'A시 B분 전'을 표현할 때는 '差 B 分 A 点'이라고 쓴다.

8:15

八点一刻
bā diǎn yí kè
八点十五分
bā diǎn shíwǔ fēn

11:45

十一点三刻
shíyī diǎn sān kè
十一点四十五分
shíyī diǎn sìshíwǔ fēn

12:55

差五分十二点
chà wǔ fēn shí'èr diǎn
十一点五十五分
shíyī diǎn wǔshíwǔ fēn

 단어

刻 kè 양 15분   差 chà 형 부족하다, 모자라다

02 明天你几点下课?

시간사의 위치

시간 또는 특정 시점을 나타내는 명사나 명사구를 '시간사'라고 한다. 어떤 동작이 일어나거나 발생하는 시간을 나타내고자 할 때 시간사는 일반적으로 주어 뒤에 위치한다. 시간을 강조하고자 할 때는 주어 앞에 사용할 수도 있다.

我七点吃饭。 저는 7시에 밥을 먹습니다.
Wǒ qī diǎn chī fàn.

下午五点半我们一起去吧。 오후 5시 반에 우리 함께 갑시다.
Xiàwǔ wǔ diǎn bàn wǒmen yìqǐ qù ba.

我明天去。 난 내일 갈래.
Wǒ míngtiān qù.

星期六你有时间吗? 토요일에 너 시간 있어?
Xīngqīliù nǐ yǒu shíjiān ma?

단어

时间 shíjiān 명 시간

03 我下午两点五十分下课。

시간 표현 정리하기

연	작년 去年 qùnián	올해 今年 jīnnián	내년 明年 míngnián
월	지난달 上个月 shàng ge yuè		
	이번 달 这个月 zhè ge yuè		
	다음 달 下个月 xià ge yuè		
주	지난주 上个星期 shàng ge xīngqī		
	이번 주 这个星期 zhè ge xīngqī		
	다음 주 下个星期 xià ge xīngqī		
일	어제 昨天 zuótiān	오늘 今天 jīntiān	내일 明天 míngtiān
때	아침 早上 zǎoshang	저녁 晚上 wǎnshang	
	오전 上午 shàngwǔ	점심 中午 zhōngwǔ	오후 下午 xiàwǔ

연습문제

01 발음을 연습해 보세요. 🎧 09-05

1. 美好 měihǎo   打扫 dǎsǎo   处理 chǔlǐ   理想 lǐxiǎng
2. 苦恼 kǔnǎo   指导 zhǐdǎo   影响 yǐngxiǎng   舞蹈 wǔdǎo
3. 水平 shuǐpíng   美食 měishí   早餐 zǎocān   友谊 yǒuyì
4. 少数 shǎoshù   好听 hǎotīng   只是 zhǐshì   晚会 wǎnhuì

02 녹음을 듣고 본문의 내용과 맞으면 √를 틀리면 x를 쓰시오. 🎧 09-06

회화 1

1. 现在是上午十点半。   ( )
2. 他们十一点有课。   ( )

회화 2

3. 明天明哲五点下课。   ( )
4. 明天他们一起吃晚饭。   ( )

03 알맞은 문장을 적어 대화를 완성해 보세요.

1. A _____   B 现在十一点。
2. A _____?   B 明天下午五点半下课。
3. A 你几点吃晚饭?   B _____
4. A 他几点去图书馆?   B _____

연습문제

04 어울리는 문장을 찾아 연결해 보세요.

❶ 现在几点?　　　　　　　　A 好啊！

❷ 明天你几点下课?　　　　　 B 现在上午九点半。

❸ 今天我们几点有汉语课?　　 C 我们上午没有课，下午有课。

❹ 明天上午你们有课吗?　　　 D 明天我下午五点半下课。

❺ 今天我们一起吃晚饭吧！　　 E 今天我们上午十一点有汉语课。

05 주어진 단어를 알맞은 순서로 배열하여 문장을 완성해 보세요.

❶ 点　几　现在　　　　　　　_____

❷ 吃　七点　饭　我　　　　　_____

❸ 下午　课　明天　几点　有　_____

❹ 两点　去　图书馆　我　明天下午　_____

❺ 学习　吧　一起　我们　下午五点半　_____

06 본문 회화를 참고하여 다음 주제에 맞게 대화해 보세요.

❶ 상대방에게 현재 시간을 물어보세요.

❷ 상대방과 저녁 약속을 잡아 보세요.

zǎoshang 早上 아침	wǎnshang 晚上 저녁	língchén 凌晨 새벽
shàngwǔ 上午 오전	zhōngwǔ 中午 점심	xiàwǔ 下午 오후
zǎofàn 早饭 아침밥	wǔfàn 午饭 점심밥	wǎnfàn 晚饭 저녁밥
yèxiāo 夜宵 야식	xiǎochī 小吃 간편한 먹거리	língshí 零食 간식

Q 중국의 4대 발명

중국의 4대 발명은 고대 중국의 발명품으로 제지술·나침반·화약·인쇄술을 말한다. 4대 발명은 과거 중국의 성장에 큰 도움을 주었을 뿐만 아니라, 세계 문명과 인류역사에 지대한 영향을 미쳤다.

제지술의 발명

종이가 발명되기 이전에는 거북의 등껍질이나 짐승의 뼈 등에 글자를 적었다. 후한 시대 궁중의 기물을 관리했던 채륜(蔡倫)은 식물 섬유를 이용해 종이의 질을 개선하고 제조했고, 종이는 8세기에 아랍으로, 12세기에 유럽으로 전파되었다. 이와 같은 제지술의 발명은 학문 발달에 크게 기여했으며 인류에게 편리함을 선사했다.

인쇄술의 발명

송나라의 평민 출신인 '필승(毕升)'이 조판인쇄술(돌이나 목판에 글자를 새기는 방식)을 보완하여 활자 인쇄술(활자를 배열하여 인쇄하는 방식)을 발명했다. 이후 목판활자, 회전 자판법(체계적으로 목판활자를 배열하여 필요한 활자를 쉽게 찾아낼 수 있도록 한 방식) 이 개발되며 인쇄 속도는 점점 빨라졌다.

나침반의 발명

나침반이 언제 발명되었는지는 정확히 알려지지 않았지만, 나침반을 사용한 세계 최초의 기록은 다음과 같다. 주욱(朱彧)의 『평주가담(萍洲可谈)』에는 "야간에는 별을 보고 낮에는 해를 보면서 항해했고, 흐린 날에는 지남침(指南针)으로 항해하였다"는 기록이 있는데 이 기록의 지남침이 바로 나침반을 뜻하는 말이다.

화약의 발명

불로장생의 단약을 만드는 과정에서 우연하게 화약을 발명하게 되었다는 기록이 있지만 중국 송나라 시대의 '탕부(唐福)'라는 장수가 만든 '화창(죽통에 화약을 넣어 쏘는 방식)'을 소형 화기의 시초라 할 수 있다. 200년 후에는 화살에 화약을 붙이는 불화살과 금속으로 만든 통에서 화약으로 발사하는 대포가 만들어졌다. 이후 화약 병기가 출현하면서 군사적으로도 큰 변혁을 가져왔다.

10과

周末你做什么?

주말에 뭐 해?

자신의 생각이나 의지를 말할 수 있다.

周末你做什么?

我要打工。

我喜欢喝茶。

단어 ❶

- 周末 zhōumò 뎽 주말

- 做 zuò 뎽 하다

- 看 kàn 뎽 보다

- 书 shū 뎽 책

- 要 yào 조동 ~할 것이다, 하려고 하다

- 打工 dǎgōng 뎽 아르바이트를 하다

단어❶ 쓰기

- 주말 ＿＿＿＿＿＿＿

- 책 ＿＿＿＿＿＿＿

- 하다 ＿＿＿＿＿＿＿

- ~할 것이다, 하려고 하다 ＿＿＿＿＿＿＿

- 보다 ＿＿＿＿＿＿＿

- 아르바이트를 하다 ＿＿＿＿＿＿＿

회화 ❶

명철　丽丽，周末你做什么？
　　　Lìli, zhōumò nǐ zuò shénme?

리리　我在家看书。你呢？
　　　Wǒ zài jiā kàn shū. Nǐ ne?

명철　我要打工。
　　　Wǒ yào dǎgōng.

명철　리리야, 주말에 뭐 해?

리리　난 집에서 책 봐. 너는?

명철　나는 아르바이트를 할 거야.

단어 ❷

- 喝 hē 통 마시다

- 咖啡 kāfēi 명 커피

- 喜欢 xǐhuan 통 좋아하다

- 茶 chá 명 차

- 想 xiǎng 조동 ~하고 싶다

- 绿茶 lǜchá 명 녹차

단어 ❷ 쓰기

- 마시다 _ _ _ _ _ _ _ _ _ _ _

- 커피 _ _ _ _ _ _ _ _ _ _ _

- 좋아하다 _ _ _ _ _ _ _ _ _ _ _

- 차 _ _ _ _ _ _ _ _ _ _ _

- ~하고 싶다 _ _ _ _ _ _ _ _ _ _ _

- 녹차 _ _ _ _ _ _ _ _ _ _ _

리리 **明哲，你喝什么？**
Míngzhé, nǐ hē shénme?

명철 **我喝咖啡，你呢？**
Wǒ hē kāfēi, nǐ ne?

리리 **我喜欢喝茶，想喝绿茶。**
Wǒ xǐhuan hē chá, xiǎng hē lǜchá.

 회화 ❷
쓰기

리리 명철아, 너 뭐 마실래?

- -

명철 난 커피 마실 건데, 너는?

- -

리리 난 차 마시는 걸 좋아해서, 녹차 마시고 싶어.

- -

01 我要打工。

조동사 '要'

'要'는 '~할 것이다', '~하려고 하다'라는 의미로 염원과 굳은 의지를 나타낸다. 부정 표현은 동사 앞에 '不想'을 사용하는데, '不要'는 '~하지 마라'라는 의미로 금지나 명령을 나타내기 때문이다.

周末我要打工。　주말에 저는 아르바이트를 하려고 합니다.
Zhōumò wǒ yào dǎgōng.

我要去咖啡厅。　저는 카페에 가려고 합니다.
Wǒ yào qù kāfēitīng.

A **你要吃吗?**　먹을래?
Nǐ yào chī ma?

B **我不想吃。**　난 먹고 싶지 않아.
Wǒ bù xiǎng chī.

☆ **你不要吃。**　너 먹지 마.
Nǐ búyào chī.

02 我想喝绿茶。

조동사 '想'

조동사 想은 '~하고 싶다', '~할 생각이다'라는 의미로 소망이나 계획을 나타내며 동사나 개사(전치사)구 앞에 위치한다. 부정 형식은 '不想'으로 '~하고 싶지 않다'는 뜻을 나타낸다.

我想去中国。　저는 중국에 가고 싶습니다.
Wǒ xiǎng qù Zhōngguó.

爸爸想学汉语。　아버지는 중국어를 배우고 싶어 하십니다.
Bàba xiǎng xué Hànyǔ.

我周末想在家休息。　저는 주말에 집에서 쉬고 싶습니다.
Wǒ zhōumò xiǎng zài jiā xiūxi.

我不想看书。　저는 책을 보고 싶지 않습니다.
Wǒ bù xiǎng kàn shū.

03 要와 想의 차이

'要'와 '想' 모두 소망과 계획을 나타내는 조동사로, 비슷한 의미를 가지고 있다. 하지만 '要'는 어떤 일을 하고자 하는 강한 의지를 나타내는 반면, '想'은 어떤 일을 하고자 하는 생각이나 계획이 있지만 실행 여부가 확실하지 않을 때 사용한다.

我最近很忙，但是我要去中国。

Wǒ zuìjìn hěn máng, dànshì wǒ yào qù zhōngguó.

저는 요즘 많이 바쁘지만, 중국에 갈 거예요.

→ 중국에 가고자 하는 강한 의지를 나타낸다.

我也想去中国，但是我最近身体不太好。

Wǒ yě xiǎng qù zhōngguó, dànshì wǒ zuìjìn shēntǐ bú tài hǎo.

저도 중국에 가고 싶지만, 요즘 건강이 별로 좋지 않습니다.

→ 중국에 가고자 하는 의지는 있지만, 여건상 실행하지 못할 수 있음을 나타낸다.

01 발음을 연습해 보세요. 🎧 10-05

① 不听 bù tīng   不懂 bù dǒng   不能 bù néng   不对 bú duì

② 不上不下 búshàng búxià   不左不右 bùzuǒ búyòu

③ 一口 yì kǒu   一月 yī yuè   一样 yíyàng   一周 yì zhōu

④ 一模一样 yìmú yíyàng   一举一动 yìjǔ yídòng

02 녹음을 듣고 본문의 내용과 맞으면 √를 틀리면 ✕를 쓰시오. 🎧 10-06

회화 1

① 明哲周末在家。   (   )

② 他们都不打工。   (   )

회화 2

③ 丽丽想喝绿茶。   (   )

④ 他们都喝咖啡。   (   )

03 알맞은 문장을 적어 대화를 완성해 보세요.

① A _ _ _ _ _ _ _ _ _ _ _ _ _ _   B 我在家看书。

② A _ _ _ _ _ _ _ _ _ _ _ _ _ _   B 我喜欢喝绿茶。

③ A 周末他做什么?   B _ _ _ _ _ _ _ _ _ _ _ _ _ _

④ A 我喝咖啡，你呢?   B _ _ _ _ _ _ _ _ _ _ _ _ _ _

연습문제

04 어울리는 문장을 찾아 연결해 보세요.

❶ 你喝什么?

A 明天我要打工。

❷ 周末你做什么?

B 我喜欢汉语。

❸ 明天你做什么?

C 他不喜欢绿茶，喜欢咖啡。

❹ 他喜欢绿茶吗?

D 我喝咖啡。

❺ 你喜欢汉语吗?

E 周末我在家看书。

05 주어진 단어를 알맞은 순서로 배열하여 문장을 완성해 보세요.

❶ 什么　吃　你　要　　　　_____

❷ 爸爸　想　汉语　学　最近　_____

❸ 哥哥　喝　吗　喜欢　绿茶　_____

❹ 要　打工　你　吗　周末　　_____

❺ 我　饭　想　吃　不　今天　_____

06 본문 회화를 참고하여 다음 주제에 맞게 대화해 보세요.

❶ 상대방의 주말 계획을 물어보세요.

❷ 상대방이 좋아하는 음료에 대해 물어보세요.

tīng yīnyuè	kàn diànyǐng	kàn diànshì
听音乐	看电影	看电视
음악을 듣다	영화를 보다	TV를 보다

wánr diànnǎo	dǎ yóuxì	guàng jiē
玩儿电脑	打游戏	逛街
컴퓨터를 하다	게임을 하다	쇼핑하다

zuò fàn	zuò yùndòng	xǐ yīfu
做饭	做运动	洗衣服
밥을 하다	운동을 하다	빨래하다

xǐzǎo	xǐ wǎn	dǎsǎo fángjiān
洗澡	洗碗	打扫房间
목욕하다	설거지하다	방을 치우다

문화

🔍 중국의 대표적인 플랫폼

중국에서는 인스타그램 · 유튜브 · 페이스북 · 넷플릭스 등을 이용하지 못하도록 통신망을 차단하고 있어 '위챗', '웨이보', '틱톡' 등 자국 플랫폼이 발달하게 되었다.

微信 Wēixìn 위챗

대륙의 카카오톡이라고 불리는 위챗은 중국의 대표적인 모바일 메신저다. 중국 인터넷 기업인 텐센트가 운영하고 있으며, 이용자만 12억 명이 넘는다. 채팅 · 음성 통화 · 영상 통화는 물론이고 간편하게 결제할 수 있는 '위챗페이'부터 친구들과 일상을 공유할 수 있는 '모멘트'까지 다양한 연동 서비스를 제공하고 있다. 현재는 일상생활에 없어서는 안되는 생활형 플랫폼으로 자리잡았다.

微博 Wēibó 웨이보

중국 최대 소셜 네트워크 플랫폼으로 '중국판 페이스북', '중국판 트위터'로 불린다. 글과 사진, 동영상 등을 업로드하고, 뉴스나 각종 유행 정보를 공유할 수 있다. 좋아하는 연예인이나 인플루언서를 팔로우하고 그들의 일상을 엿볼 수도 있다. 2030세대가 주로 이용하는 플랫폼인 만큼, 젊은 세대를 공략할 수 있어 필수로 진행하는 대세 마케팅 수단으로 자리잡게 되었다.

小红书 Xiǎohóngshū 샤오훙수

블로그 · 인스타그램 · 온라인 쇼핑몰 등이 결합된 새로운 형태의 종합 플랫폼이다. 사진이나 영상으로 일상을 기록하고 뷰티 · 패션 · 건강 · 여행 등 다양한 분야의 정보를 공유할 수 있으며, 포스팅에 소개한 제품을 바로 구매할 수 있는 쇼핑 기능까지 갖추고 있다. 웨이보와 마찬가지로 젊은 세대가 주 이용자 층이다 보니 중국의 최신 트렌드와 라이프 스타일을 파악하기에 적합한 플랫폼이다.

哔哩哔哩 Bìlī bìlī 비리비리

'중국판 유튜브'라고 불리는 비리비리는 중국 Z세대의 사랑을 받고 있는 영상 플랫폼으로, 중국인들은 'B 站(zhàn)'이라고 부르기도 한다. 초기에는 애니메이션이나 게임 콘텐츠 중심이었지만, 현재는 브이로그 · 맛집 탐방 · 애완동물 등 다양한 영상 콘텐츠가 제작되고 있다.

11과

我很喜欢辛奇汤。

나는 김치찌개 정말 좋아해.

학습 목표

음식에 관한 표현을 말할 수 있다.

기본 표현

辛奇好吃吗?

你尝尝。

很好吃，但是有点儿辣。

단어 ❶

- **晚上** wǎnshang 명 저녁, 밤

- **菜** cài 명 요리, 채소

- **韩国菜** Hánguó cài 명 한국 요리

- **辛奇** xīnqí 명 김치

- **汤** tāng 명 찌개, 탕, 국

단어❶ 쓰기

- 저녁, 밤 _ _ _ _ _ _ _ _ _

- 김치 _ _ _ _ _ _ _ _ _

- 요리, 채소 _ _ _ _ _ _ _ _ _

- 찌개, 탕, 국 _ _ _ _ _ _ _ _ _

- 한국 요리 _ _ _ _ _ _

회화 ❶

명철 **丽丽，晚上我们吃韩国菜吧!**
Lìli, wǎnshang wǒmen chī Hánguó cài ba!

리리 **好啊。辛奇汤怎么样?**
Hǎo a. Xīnqí tāng zěnmeyàng?

명철 **我很喜欢。**
Wǒ hěn xǐhuan.

명철 리리야, 우리 저녁에 한국 요리 먹자!

- -

리리 좋아. 김치찌개 어때?

- -

명철 난 아주 좋아해.

- -

단어 ❷

- **好吃** hǎochī 형 맛있다

- **尝** cháng 통 맛보다

- **有点儿** yǒudiǎnr 부 조금, 약간

- **辣** là 형 맵다

단어 ❷ 쓰기

- 맛있다 _____

- 맛보다 _____

- 조금, 약간 _____

- 맵다 _____

회화 ②

명철　辛奇好吃吗?
　　　Xīnqí hǎochī ma?

리리　非常好吃, 你尝尝。
　　　Fēicháng hǎochī, nǐ chángchang.

명철　很好吃, 但是有点儿辣。
　　　Hěn hǎochī,　dànshì yǒudiǎnr là.

 회화 ②
쓰기

　　　명철　　김치 맛있어?

　　　리리　　아주 맛있는데, 한번 먹어 봐.

　　　명철　　맛있는데, 조금 매워.

---

01 你尝尝。

동사의 중첩

'尝尝'이나 '看看'처럼 동사를 중첩해서 사용하는 경우 의미에 변화가 생긴다. '~을 해보다'라는 뜻으로 무언가를 시도해 보는 것을 나타내기도 하고, '잠시 ~하다'라는 의미로 동작의 진행 시간이 짧음을 나타내거나 '좀 ~하다'라는 뜻으로 말투를 부드럽게 만들어 주기도 한다. 1음절 동사는 AA 형태로, 2음절 동사는 대부분 ABAB 형태로 중첩한다.

这个菜怎么样? 你尝尝。 이 요리 어때요? 드셔 보세요.
Zhège cài zěnmeyàng? Nǐ chángchang.

这本书很有意思，你看看。 이 책 아주 재미있는데, 한번 봐 봐.
Zhè běn shū hěn yǒu yìsi, nǐ kànkan.

十点了，老师您休息休息吧。 10시인데, 선생님 좀 쉬세요.
Shí diǎn le, lǎoshī nín xiūxi xiūxi ba.

02 有点儿辣，但是很好吃。

정도부사 有点儿

'有点儿'은 '조금', '약간'의 뜻으로 정도가 약함을 나타낼 때 사용하는 부사이다. 일반적으로 형용사 앞에 쓰이며, 불만이 있거나 여의치 않은 상황에 자주 사용된다.

这个菜，有点儿贵。 이 요리 좀 비싸요.
Zhège cài, yǒudiǎnr guì.

我今天不太忙，但是有点儿累。 저는 오늘 그다지 바쁘지 않은데, 좀 피곤하네요.
Wǒ jīntiān bú tài máng, dànshì yǒudiǎnr lèi.

해설

03 정도부사

정도부사는 동사나 형용사 앞에 쓰여 성질이나 상태의 정도를 나타낼 때 사용한다. '太'는 주로 어기조사 '了'와 함께 쓰여 말하는 사람의 주관적인 견해나 감정을 표현하며 정도가 지나치거나 심함을 나타낸다. '조금'의 의미를 가진 '有点儿'은 부정적인 뉘앙스로 불만족스러운 심리를 나타낸다.

매우	대단히	제일	특별히	너무	별로	비교적	조금
很	非常	最	特别	太…了	不太	比较	有点儿
hěn	fēicháng	zuì	tèbié	tài…le	bú tài	bǐjiào	yǒudiǎnr

我**太**累了。 저는 너무 지쳤어요.
Wǒ tài lèi le.

最近**特别**想去旅行。 요즘 특히 여행 가고 싶어요.
Zuìjìn tèbié xiǎng qù lǚxíng.

今年夏天**非常**热。 올해 여름은 대단히 더워요.
Jīnnián xiàtiān fēicháng rè.

妈妈**最**喜欢我。 엄마는 나를 제일 좋아해요.
Māma zuì xǐhuan wǒ.

昨天**不太**忙，今天**比较**忙。 어제는 별로 안 바빴는데, 오늘은 비교적 바빠요.
Zuótiān bú tài máng, jīntiān bǐjiào máng.

 단어

旅行 lǚxíng 명 동 여행(하다)   夏天 xiàtiān 명 여름   热 rè 형 덥다   昨天 zuótiān 명 어제

01 발음을 연습해 보세요.　🎧 11-05

1. 鲜花 xiānhuā　青春 qīngchūn　波涛 bōtāo　丰收 fēngshōu
2. 红旗 hóngqí　纯洁 chúnjié　繁荣 fánróng　前途 qiántú
3. 热爱 rè'ài　胜利 shènglì　庆祝 qìngzhù　创造 chuàngzào
4. 生活 shēnghuó　长期 chángqī　完整 wánzhěng　感激 gǎnjī

02 녹음을 듣고 본문의 내용과 맞으면 √를 틀리면 x를 쓰시오.　🎧 11-06

회화 1

1. 他们吃中国菜。　　　　　　　　　　　　　（　　）
2. 明哲喜欢辛奇汤。　　　　　　　　　　　　（　　）

회화 2

3. 他们在喝咖啡。　　　　　　　　　　　　　（　　）
4. 辛奇很好吃。　　　　　　　　　　　　　　（　　）

03 알맞은 문장을 적어 대화를 완성해 보세요.

1. A ＿＿＿＿＿＿＿＿＿＿＿＿　B 我很喜欢。
2. A ＿＿＿＿＿＿＿＿＿＿＿＿　B 中国菜很好吃。
3. A 明天晚上我们吃什么?　　B ＿＿＿＿＿＿＿＿＿＿＿＿
4. A 你要尝尝辛奇汤吗?　　　B ＿＿＿＿＿＿＿＿＿＿＿＿

연습문제

04 어울리는 문장을 찾아 연결해 보세요.

❶ 辛奇好吃吗?　　　　　　　A 是的。你喜欢韩国菜吗?

❷ 你尝尝吧！　　　　　　　　B 非常喜欢。

❸ 明天晚上我们吃韩国菜吗?　C 辛奇很好吃，你尝尝。

❹ 这个菜怎么样?　　　　　　D 好，我尝尝。

❺ 他哥哥喜欢辛奇吗?　　　　E 这个菜有点儿辣。

05 주어진 단어를 알맞은 순서로 배열하여 문장을 완성해 보세요.

❶ 明天　你们　吃　什么　　_____

❷ 好吃　菜　这个　吗　　　_____

❸ 喜欢　很　我　汉语　学　_____

❹ 想　中国菜　尝尝　我　那个　_____

❺ 今天　累　我　有点儿　　_____

06 본문 회화를 참고하여 다음 주제에 맞게 대화해 보세요.

❶ 상대방에게 어느 나라 음식을 좋아하는지 물어보세요.

❷ 상대방과 음식에 대해 대화해 보세요.

chǎofàn	málàtàng	huǒguō
炒饭	麻辣烫	火锅
볶음밥	마라탕	훠궈

mápódòufu	zhájiàngmiàn	Běijīng kǎoyā
麻婆豆腐	炸酱面	北京烤鸭
마파두부	짜장면	북경오리

bànfàn	zǐcài bāofàn	chǎo niángāo
拌饭	紫菜包饭	炒年糕
비빔밥	김밥	떡볶이

kǎo wǔhuāròu	shēnjītāng	dàjiàngtāng
烤五花肉	参鸡汤	大酱汤
삼겹살구이	삼계탕	된장찌개

문화

❶ 중국의 QR 문화

중국에서는 QR코드가 없으면 하루도 살 수 없다고 해도 과언이 아닐 정도로 어디를 가도 QR코드를 스캔하는 모습을 볼 수 있다. 휴대폰 하나로 QR코드만 스캔하면 모든 것을 할 수 있다 보니, 중국인들은 지갑은 없어도 휴대폰 없이는 살 수 없게 되었다. 중국에서 QR코드를 활용해 어떤 일들을 할 수 있는지 함께 살펴보자.

중국의 QR코드 활용 사례

- ▶ 대형 마트와 편의점뿐만 아니라 길거리 노점상에서도 QR코드로 결제할 수 있다.
- ▶ 지하철, 버스, 택시 등 교통 수단을 이용할 때도 QR코드로 결제할 수 있다.
- ▶ 식당에서 음식을 주문할 때도 QR코드를 스캔해 편리하게 주문할 수 있다.
- ▶ 상품에 부착된 QR코드를 스캔하면 상품 정보나 이벤트 행사 등을 확인할 수 있다.
- ▶ 공연장, 박물관, 미술관 등의 티켓을 구매하거나 정보를 확인할 때도 QR코드를 사용한다.
- ▶ 노래방에서도 스크린의 QR코드를 스캔해 노래를 예약할 수 있다.
- ▶ 돈을 주고 받을 때도 QR코드를 스캔해 송금할 수 있다.

QR코드와 관련된 중국어 표현

二维码 èrwéimǎ QR코드
二维码支付 èrwéimǎ zhīfù QR코드 결제
扫码 sǎo mǎ QR코드를 스캔하다
扫码点餐 sǎo mǎ diǎn cān QR코드로 음식을 주문하다

祝你生日快乐!

생일 축하해!

학습 목표

생일에 관한 표현을 말할 수 있다.

기본 표현

听说今天是你的生日。

祝你生日快乐！

你想要什么生日礼物？

단어 ❶

- **听说** tīngshuō 동 듣자 하니

- **对** duì 형 맞다, 옳다

- **祝** zhù 동 축하하다, 기원하다

- **快乐** kuàilè 형 즐겁다

- **祝你生日快乐** zhù nǐ shēngrì kuàilè
  생일 축하합니다

단어 ❶ 쓰기

- 듣자 하니
- 맞다, 옳다
- 축하하다, 기원하다

- 즐겁다
- 생일 축하합니다

회화 ❶

선생님 明哲，听说今天是你的生日，对吗?
Míngzhé, tīngshuō jīntiān shì nǐ de shēngrì, duì ma?

명철 是的，老师!
Shì de,　lǎoshī!

선생님 祝你生日快乐!
Zhù nǐ shēngrì kuàilè!

명철 谢谢老师!
Xièxie lǎoshī!

 회화❶ 쓰기

선생님 명철아, 오늘이 네 생일이라면서?

명철 네, 선생님!

선생님 생일 축하한다!

명철 감사합니다 선생님!

단어 ❷

- **要** yào 통 필요하다, 원하다

- **礼物** lǐwù 명 선물

- **送** sòng 통 주다, 선물하다

- **张** zhāng 양 장 [종이 · 책상 등 넓은 표면을
  가진 것을 세는 단위]

- **星巴克** Xīngbākè 스타벅스

- **电子券** diànzǐ quàn 명 모바일 쿠폰

단어 ❷ 쓰기

- 필요하다, 원하다 ---------

- 선물 ---------

- 주다, 선물하다 ---------

- 장 ---------

- 스타벅스 ---------

- 모바일 쿠폰 ---------

회화 ❷

선생님 明哲，你想要什么生日礼物？
Míngzhé, nǐ xiǎng yào shénme shēngrì lǐwù?

명철 我喜欢喝咖啡。
Wǒ xǐhuan hē kāfēi.

선생님 好，老师送你一张星巴克电子券。
Hǎo, lǎoshī sòng nǐ yì zhāng Xīngbākè diànzǐ quàn.

 회화 ❷ 쓰기

선생님 명철아, 생일 선물로 무엇을 갖고 싶니?

- -

명철 저는 커피 마시는 걸 좋아해요.

- -

선생님 그래, 선생님이 스타벅스 쿠폰 하나 줄게.

- -

01 听说今天是你的生日。

'听说'는 '듣자 하니 ~라고 한다', '~라고 들었다'라는 뜻으로, 문장 앞에 쓰여 타인이나 다른 경로를 통해 들은 소식이나 정보를 전달할 때 사용한다. 소식이나 정보의 출처를 '听'과 '说' 사이에 써서 '听+(출처)+说'형식으로 표현할 수도 있다.

听说，今天是老师的生日。　듣기로는 오늘이 선생님 생신이라고 한다.
Tīngshuō, jīntiān shì lǎoshī de shēngrì.

听说，她最近很忙。　그녀는 요즘 아주 바쁘다고 들었다.
Tīngshuō, tā zuìjìn hěn máng.

听说，他明天去中国。　들은 바에 의하면 그는 내일 중국에 간다고 한다.
Tīngshuō, tā míngtiān qù Zhōngguó.

听妈妈说，爸爸最近很累。　엄마한테 듣자니 아빠가 요즘 피곤하시단다.
Tīng māma shuō, bàba zuìjìn hěn lèi.

听朋友说，这个菜很好吃。　친구의 말에 의하면 이 요리는 맛있다고 한다.
Tīng péngyou shuō, zhège cài hěn hǎochī.

02 祝你生日快乐!

이중목적어를 취하는 동사

중국어에서 일부 동사는 이중목적어를 취할 수 있는데, 이 경우 앞에 나오는 목적어는 직접
목적어(대상), 뒤에 나오는 목적어는 간접목적어(내용이나 사항)에 해당된다. 이중목적어를
취하는 대표적인 동사로는 '送'이 있는데, '送'은 '祝'와 마찬가지로 '送+(대상)+(내용)' 형식
으로 표현할 수 있다.

祝老师生日快乐!　　선생님 생신 축하드립니다!
Zhù lǎoshī shēngrì kuàilè!

祝你每天快乐!　　당신이 매일 즐겁기 바랍니다!
Zhù nǐ měi tiān kuàilè!

祝你周末快乐!　　주말 잘 보내길 바랍니다!
Zhù nǐ zhōumò kuàilè!

祝大家新年快乐!　　여러분 새해 복 많이 받으세요!
Zhù dàjiā xīnnián kuàilè!

老师送我汉语书。　　선생님이 저에게 중국어 책을 주셨어요.
Lǎoshī sòng wǒ Hànyǔ shū.

我送爸爸礼物。　　저는 아버지에게 선물을 드렸어요.
Wǒ sòng bàba lǐwù.

单어

每天 měi tiān 명 매일

03 送你一张星巴克电子券。

양사의 용법

'책 한 권', '사람 한 명'처럼 사물이나 사람의 수를 세는 단위를 '양사'라고 한다. 수량을 나타낼 때 한국어에서는 '명사+수사+양사' 구조로 표현하지만, 중국어에서는 '수사+양사+명사' 형태로 사용한다.

我有一张星巴克电子券。　저는 스타벅스 모바일 쿠폰을 한 장 가지고 있습니다.
Wǒ yǒu yì zhāng Xīngbākè diànzǐ quàn.

我家有四口人。　우리 집 식구는 네 명입니다.
Wǒ jiā yǒu sì kǒu rén.

我有三本汉语书。　저는 중국어 책이 세 권 있습니다.
Wǒ yǒu sān běn Hànyǔ shū.

我喝两杯绿茶。　나는 녹차를 두 잔 마십니다.
Wǒ hē liǎng bēi lǜchá.

本 běn 양 권　杯 bēi 양 잔

연습문제

01 발음을 연습해 보세요. 🎧 12-05

1. 保持 bǎochí   诞生 dànshēng   刺激 cìjī   辣椒 làjiāo
2. 现实 xiànshí   练习 liànxí   气氛 qìfēn   记者 jìzhě
3. 休息 xiūxi   典型 diǎnxíng   丈夫 zhàngfu   行李 xíngli

02 녹음을 듣고 본문의 내용과 맞으면 √를 틀리면 x를 쓰시오. 🎧 12-06

회화 1

1. 今天是明哲的生日。   (   )
2. 老师祝明哲生日快乐。   (   )

회화 2

3. 明哲不喜欢生日礼物。   (   )
4. 老师送明哲一本汉语书。   (   )

03 알맞은 문장을 적어 대화를 완성해 보세요.

1. A _ _ _ _ _ _ _ _ _ _ _ _ _ _ _ _   B 是的，今天是我的生日。
2. A _ _ _ _ _ _ _ _ _ _ _ _ _ _ _ _   B 哥哥不喜欢礼物。
3. A 你想要什么生日礼物？   B _ _ _ _ _ _ _ _ _ _ _ _ _ _
4. A 听说今天是你的生日，_ _ _ _ _ _ _ _ _ _ _ _ ！   B 谢谢！

연습문제

id="1" />**04** 어울리는 문장을 찾아 연결해 보세요.

❶ 听说今天是你的生日。   A 他想要咖啡券。

❷ 祝老师生日快乐！   B 那是你的生日礼物。

❸ 他想要什么生日礼物?   C 我没有，她有。

❹ 那是什么?   D 是的，今天是我的生日。

❺ 你有星巴克电子卷吗?   E 谢谢你们！

05 주어진 단어를 알맞은 순서로 배열하여 문장을 완성해 보세요.

❶ 快乐　你　生日　祝　　　_____

❷ 辛奇　老师　吃　喜欢　听说　_____

❸ 周末　你们　祝　快乐　　　_____

❹ 喜欢　他　礼物　什么　生日　_____

❺ 咖啡券　送　我　一张　妈妈　_____

06 본문 회화를 참고하여 다음 주제에 맞게 대화해 보세요.

❶ 상대방에게 생일 축하 표현을 해 보세요.

❷ 상대방에게 좋아하는 선물을 물어보세요.

Hànbǎowáng
汉堡王
버거킹

Màidāngláo
麦当劳
맥도날드

Kěndéjī
肯德基
KFC

Bālíbèitián
巴黎贝甜
파리 바게트

Bìshèngkè
必胜客
피자헛

Lètiānlì
乐天利
롯데리아

sānmíngzhì
三明治
샌드위치

zhájī
炸鸡
치킨

bǐsàbǐng
比萨饼
피자

bīngqílín
冰淇淋
아이스크림

shǔtiáo
薯条
프렌치프라이

hànbǎo
汉堡
햄버거

문화

❶ 중국의 외래어 표기

중국에서는 외국어를 발음 그대로 표기하지 않는 경우가 많다. 표음문자인 한국어는 들리는 그대로 표기하는 것이 어렵지 않지만, 표의문자인 중국어는 그렇지 않기 때문이다. 중국어의 이러한 특징은 영화 제목에서도 찾아볼 수 있는데, 어떤 재미있는 영화 제목들이 있는지 함께 살펴보자.

총동원(总动员)이 들어간 제목

〈라따뚜이〉 美食总动员(미식 총동원) Měishí zǒngdòngyuán

〈토이스토리〉 玩具总动员(완구 총동원) Wánjù zǒngdòngyuán

〈니모를 찾아서〉 海底总动员(해저 총동원) Hǎidǐ zǒngdòngyuán

〈인크레더블〉 超人总动员(초인 총동원) Chāorén zǒngdòngyuán

협객(侠)이 들어간 제목

〈아이언맨〉 钢铁侠(강철 협객) Gāngtiě xiá

〈스파이더맨〉 蜘蛛侠(거미 협객) Zhīzhū xiá

〈베트맨〉 蝙蝠侠(박쥐 협객) Biānfú xiá

마블(漫威 Mànwēi) 영화 제목

〈어벤져스〉 复仇者联盟(복수자 연맹) Fùchóuzhě liánméng

〈캡틴 아메리카〉 美国队长(미국 대장) Měiguó duìzhǎng

〈토르〉 雷神(번개의 신) Léishén

〈블랙 위도우〉 黑寡妇(검은 미망인) Hēi guǎfù

〈헐크〉 绿巨人(녹색 거인) Lǜ jùrén

〈닥터 스트레인지〉 奇异博士(기이한 박사) Qíyì bóshì

연습문제 정답

01 老师，您好!

P31

01 (생략)

02 ①A shī　②C bù　③D míng　④D xiè

03 예시

① B: 你好!

② B: 不客气。/ 不用客气。/不用谢。

③ B: 明天见!

④ B: 再见!

04 ①B　　②C　　③A

05 ① 明天见。

② 不客气。

③ 谢谢老师。

06 예시

① A: 老师，您好!　B: 你好!

② A: 老师，再见!　B: 明天见!

02 你叫什么名字?

P42

01 (생략)

02 ①A jiào　②C xìng　③B guì　④D zì

03 예시

① A: 您贵姓?

② A: 你叫什么名字?

③ B: 她姓金。

④ B: 我叫金明哲。

04 ①C　　②A　　③B

05 ① 他叫什么名字?

② 您贵姓?

③ 我也姓张。

06 예시

① A: 你叫什么名字?

B: 我叫金明哲。她叫什么?

A: 她叫李丽丽。

② A: 老师，您贵姓?

B: 我姓张。他姓什么?

A: 他姓金。

03 我是韩国人。

P55

01 (생략)

02 ①A shì　②D nǎ　③D zhōng　④B hán

03 예시

① A: 你是哪国人?

② A: 他是哪国人?

③ B: 他也是韩国人。

④ B: 认识你，我也很高兴。

(我也很高兴认识你。)

04 ①A　　②C　　③B

05 ① 你是韩国人吗?

② 认识你，我也很高兴。

(我也很高兴认识你。)

③ 他不是学生。

06 예시

① A: 他是老师吗?

B: 他不是老师，是学生。你呢?

A: 我是老师。

② A: 你是哪国人?

B: 我是韩国人。老师呢?

A: 老师是中国人。

04 最近您身体好吗?

P67

01 (생략)

02 ①B hěn　②A lèi　③B máng　④D tiān

03 예시

① A: 你最近忙不忙? (你最近忙吗?)

② A: 你累不累? (你累吗?)

③ B: 最近我身体很好(不太好)。

④ B: 我爸爸妈妈很忙(不太忙 / 忙)。

04 ①C　　②A　　③B

05 ① 她最近不太忙。(最近她不太忙。)

② 我不太累。

③ 你爸爸妈妈身体好吗?

④ 他们也都很好。

⑤ 最近老师身体不太好。

(老师最近身体不太好。)

연습문제 정답

06 예시

① A: 你好吗?

　B: 我很好。你呢?

　A: 我也很好。

　　　你爸爸妈妈身体好吗?

　B: 他们身体也都很好。

② A: 你最近忙不忙?

　B: 我最近很忙。你呢?

　A: 我最近不太忙。

　　　你最近累不累?

　B: 我最近很累。

05 这是什么?

P79

01 (생략)

02 ① D 学　② A 汉语　③ A 苹果　④ C 有意思

03 예시

① A: 这是什么?

② A: 你学什么?

③ B: 汉语很难。(汉语很有意思。)

④ B: 是的, 这是我的书。

　　　(不是, 这不是我的书。)

04 ① D　② C　③ A　④ E　⑤ B

05 ① 你学什么?

② 这是苹果。

③ 学汉语非常有意思。

④ 那不是你的书。

⑤ 你的汉语书难不难?

06 예시

① A: 这是什么?

　B: 这是书。

　A: 那是什么?

　B: 那是苹果。

② A: 你学什么?

　B: 我学汉语。

　A: 汉语怎么样? 有意思吗?

　B: 汉语很难, 但是非常有意思。

06 我是独生子。

P91

01 (생략)

02 ① C 岁　② A 几　③ B 年纪　④ A 秘密

03 예시

① A: 你有哥哥吗?

② A: 你今年多大?

③ B: 我爸爸今年六十岁。

④ B: 我家有四口人, 爸爸、妈妈、哥哥和我。

04 ① B　② D　③ A　④ E　⑤ C

05 ① 你哥哥今年多大?

② 这儿没有苹果。

③ 他有汉语书吗?

④ 他爸爸今年多大年纪?

⑤ 你家有几口人?

06 예시

① A: 你家有几口人?

　B: 我家有四口人。

　　　爸爸、妈妈、弟弟和我。你家呢?

　A: 我家有三口人。

　　　爸爸、妈妈和我。我是独生子。

② A: 你今年多大?

　B: 我今年二十岁。你呢?

　A: 我今年二十一岁。

　　　你爸爸今年多大年纪?

　B: 我爸爸今年六十岁。

07 你去哪儿?

P103

01 (생략)

02 ① x　② ✓　③ x　④ x

03 예시

① A: 你去哪儿?

② A: 你在哪儿?

③ B: 我很饿。(我不太饿。)

④ B: 他不在图书馆。(是的, 他在图书馆。)

04 ① C　② E　③ A　④ B　⑤ D

05 ① 王老师去哪儿?

② 这是哪儿?

③ 我在图书馆学汉语。

④ 我们一起去咖啡厅吧。

⑤ 他们也都不太饿。

06 예시

①A: 你爸爸在哪儿?

 B: 我爸爸在家。

  你妈妈呢?

 A: 我妈妈在咖啡厅。

②A: 你去哪儿?

 B: 我去饭馆儿吃饭。

  一起去吗?

 A: 我不饿,你去吧。

08 今天星期天。

P115

01 (생략)

02 ① ✓   ② x   ③ x   ④ ✓

03 예시

①A: 你的生日是几月几号?

②A: 今天星期几?

③B: 妈妈的生日是五月十号。

④B: 明天我有汉语课。

  (明天我没有汉语课。)

04 ①E   ②D   ③A   ④C   ⑤B

05 ① 明天星期几?

② 今天不是星期一。

③ 星期天我没有课。(我星期天没有课。)

④ 老师的生日是几月几号?

⑤ 他们今天有课吗? (今天他们有课吗?)

06 예시

①A: 今天星期几?

 B: 今天星期二。

  明天几月几号?

 A: 明天五月十五号。

②A: 你的生日是几月几号?

 B: 我的生日是五月五号。

  你的生日呢?

 A: 我的生日是十二月二十五号。

09 现在几点?

P127

01 (생략)

02 ① x   ② ✓   ③ x   ④ ✓

03 예시

①A: 现在几点?

②A: 明天下午几点下课?

③B: 我七点吃晚饭。

④B: 他上午九点去图书馆。

04 ①B   ②D   ③E   ④C   ⑤A

05 ① 现在几点?

② 我七点吃饭。

③ 明天下午几点有课?

④ 我明天下午两点去图书馆。

  (明天下午两点我去图书馆。)

⑤ 我们下午五点半一起学习吧!

  (下午五点半我们一起学习吧!)

06 예시

①A: 现在几点?

 B: 现在上午九点一刻。

②A: 你明天几点下课?

 B: 下午五点半。我们一起吃晚饭吧!

 A: 好啊,一起吃。

10 周末你做什么?

P139

01 (생략)

02 ① x   ② x   ③ ✓   ④ x

03 예시

①A: 你(在家)做什么?

②A: 你喜欢喝什么茶? / 你喜欢喝茶吗?

③B: 周末他在家看书。

④B: 我也喝咖啡。(我喝茶。)

04 ①D   ②E   ③A   ④C   ⑤B

05 ① 你要吃什么?

② 最近爸爸想学汉语。(爸爸最近想学汉语。)

③ 哥哥喜欢喝绿茶吗?

④ 你周末要打工吗? (周末你要打工吗?)

⑤ 我今天不想吃饭。(今天我不想吃饭。)

05 예시

① A: 周末你做什么?

　B: 我在家看书。你呢?

　A: 我要打工。

② A: 你喝什么?

　B: 我想喝咖啡。你呢?

　A: 我想喝茶。

11 我很喜欢辛奇汤。

P151

01 (생략)

02 ① x　　　② √　　　③ x　　　④ √

03 예시

① A: 你喜欢辛奇汤吗?

② A: 中国菜怎么样?(中国菜好吃吗?)

③ B: 明天晚上我们吃韩国菜吧。

④ B: 好, 我尝尝。

04 ① C　　② D　　③ A　　④ E　　⑤ B

05 ① 明天你们吃什么?(你们明天吃什么?)

② 这个菜好吃吗?

③ 我很喜欢学汉语。

④ 我想尝尝那个中国菜。

⑤ 我今天有点儿累。(今天我有点儿累。)

06 예시

① A: 你喜欢哪国菜?

　B: 我喜欢韩国菜,你呢?

　A: 我非常喜欢辛奇汤。

② A: 韩国辛奇好吃吗?

　B: 很好吃。你想尝尝辛奇汤吗?

　A: 我想尝尝。

12 祝你生日快乐!

P163

01 (생략)

02 ① √　　　② √　　　③ x　　　④ x

03 예시

① A: 今天是你的生日吗?

② A: 哥哥喜欢礼物吗?

　　(哥哥喜欢什么礼物?)

③ B: 我要咖啡券。

④ A: 祝你生日快乐!

04 ① D　　② E　　③ A　　④ B　　⑤ C

05 ① 祝你生日快乐!

② 听说老师喜欢吃辛奇。

③ 祝你们周末快乐!

④ 他喜欢什么生日礼物?

⑤ 妈妈送我一张咖啡卷。

　　(我送妈妈一张咖啡卷。)

06 예시

① A: 听说,今天是你的生日,对吗?

　B: 是的。今天是我的生日。

　A: 祝你生日快乐!

　B: 谢谢!

② A: 你想要什么生日礼物?

　B: 我喜欢汉语书。

　A: 好,我送你一本。

단어장

01 老师，您好!

단어 1

老师 lǎoshī 몡 선생님

您 nín 때 당신['你'의 높임말]

好 hǎo 혱 좋다, 안녕하다

你 nǐ 때 너

단어 2

谢谢 xièxie 통 감사합니다

不 bù 뷔 ~이/가 아니다

不客气 bú kèqi 천만에요

再 zài 뷔 다시, 또

见 jiàn 통 만나다

明天 míngtiān 몡 내일

02 你叫什么名字?

단어 1

贵 guì 혱 존경을 나타내는 접두사

姓 xìng 몡 성이 ~이다

叫 jiào 통 ~라고 하다, ~이다

什么 shénme 때 무엇, 어떤

名字 míngzi 몡 이름, 성명

我 wǒ 때 나, 저

李丽丽 Lǐ Lìlì 인몡 리리리

단어 2

金明哲 Jīn Míngzhé 인몡 김명철

他 tā 때 그, 그 사람

也 yě 뷔 ~도, 또한

03 我是韩国人。

단어 1

是 shì 통 ~이다

哪 nǎ 때 어느

国 guó 몡 국가

人 rén 몡 사람

她 tā 때 그녀

呢 ne 조 ~은/는?

韩国 Hánguó 몡 한국

中国 Zhōngguó 몡 중국

단어 2

吗 ma 조 ~입니까?

学生 xuésheng 몡 학생

是的 shì de 그렇다

认识 rènshi 통 알다

很 hěn 뷔 매우

高兴 gāoxìng 혱 기쁘다

04 最近您身体好吗?

단어 1

最近 zuìjìn 몡 최근

身体 shēntǐ 몡 몸, 건강

还可以 hái kěyǐ 그런대로 괜찮다

爸爸 bàba 몡 아빠

妈妈 māma 몡 엄마

他们 tāmen 때 그들

都 dōu 뷔 모두

단어장

단어 2

忙 máng 형 바쁘다

不太 bú tài 그다지 ~하지 않다

但是 dànshì 접 그러나

累 lèi 형 피곤하다

05 这是什么?

단어 1

这 zhè 대 이것

苹果 píngguǒ 명 사과

那 nà 대 저것, 그것

的 de 조 ~의

书 shū 명 책

不是 bú shì ~이/가 아니다

단어 2

学 xué 동 배우다, 공부하다

汉语 Hànyǔ 명 중국어

怎么样 zěnmeyàng 대 어떠하다

难 nán 형 어렵다

非常 fēicháng 부 대단히

有意思 yǒu yìsi 재미있다

06 我是独生子。

단어 1

家 jiā 명 집

有 yǒu 명 있다

几 jǐ 대 몇

口 kǒu 명 식구[가족 수를 셀 때 쓰임]

四 sì 수 4, 넷

哥哥 gēge 명 형, 오빠

和 hé 접 ~와/과

三 sān 수 3, 셋

独生子 dúshēngzǐ 명 외동아들

단어 2

今年 jīnnián 명 올해

多大 duō dà (나이가) 몇인가?

二 èr 수 2, 둘

十 shí 수 10, 열

一 yī 수 1, 하나

岁 suì 명 세, 살

年纪 niánjì 명 연령, 나이

秘密 mìmì 명 비밀

07 你去哪儿?

단어 1

去 qù 동 가다

哪儿 nǎr 대 어디

饭馆儿 fànguǎnr 명 식당, 음식점

一起 yìqǐ 부 같이

饿 è 형 배고프다

吧 ba 조 ~하자, ~해라

단어 2

在 zài 동 ~에 있다

图书馆 túshūguǎn 명 도서관

来 lái 동 오다

咖啡厅 kāfēitīng 명 카페, 커피숍

08 今天星期天。

단어 1

今天 jīntiān 명 오늘

星期 xīngqī 명 요일, 주

星期天 xīngqītiān 명 일요일

明天 míngtiān 명 내일

星期一 xīngqīyī 명 월요일

课 kè 명 수업

没有 méiyǒu 통 없다

단어 2

生日 shēngrì 명 생일

月 yuè 명 월

号 hào 명 일

五 wǔ 수 5, 다섯

七 qī 수 7, 일곱

八 bā 수 8, 여덟

六 liù 수 6, 여섯

09 现在几点?

단어 1

现在 xiànzài 명 지금

点 diǎn 명 시

上午 shàngwǔ 명 오전

九 jiǔ 수 9, 아홉

半 bàn 수 반, 절반

我们 wǒmen 대 우리(들)

단어 2

下课 xiàkè 통 수업을 마치다

下午 xiàwǔ 명 오후

两 liǎng 수 2, 둘

分 fēn 명 분

吃 chī 통 먹다

晚饭 wǎnfàn 명 저녁밥

啊 a 조 문장 끝에 쓰여 긍정·의문·감탄
등을 나타내는 어기조사

10 周末你做什么?

단어 1

周末 zhōumò 명 주말

做 zuò 통 하다

看 kàn 통 보다

书 shū 명 책

要 yào 조동 ～할 것이다, ～하려고 하다

打工 dǎgōng 통 아르바이트를 하다

단어 2

喝 hē 통 마시다

咖啡 kāfēi 명 커피

喜欢 xǐhuan 통 좋아하다

茶 chá 명 차

想 xiǎng 조동 ～하고 싶다

绿茶 lǜchá 명 녹차

단어장

11 我很喜欢辛奇汤。

단어 1

晚上 wǎnshang 몡 저녁, 밤

菜 cài 몡 요리, 채소

韩国菜 Hánguó cài 몡 한국 요리

辛奇 xīnqí 몡 김치

汤 tāng 몡 찌개, 탕, 국

단어 2

好吃 hǎochī 혱 맛있다

尝 cháng 동 맛보다

有点儿 yǒudiǎnr 뷔 조금, 약간

辣 là 혱 맵다

12 祝你生日快乐!

단어1

听说 tīngshuō 동 듣자 하니

对 duì 혱 맞다, 옳다

祝 zhù 동 축하하다, 기원하다

快乐 kuàilè 혱 즐겁다

祝你生日快乐 zhù nǐ shēngrì kuàilè
생일 축하합니다

단어2

要 yào 동 필요하다, 원하다

礼物 lǐwù 몡 선물

送 sòng 동 주다, 선물하다

张 zhāng 양 장[종이·책상 등 넓은 표면을 가진 것을
세는 단위]

星巴克 xīngbākè 스타벅스

电子券 diànzǐ quàn 몡 모바일 쿠폰

한어병음표

앞에 성모가 없을 경우 앞에 y를 추가하거나, i 대신 y를 씁니다.

운모 / 성모	ai	ao	an	ang	ei	en	eng	ia	ie	iao	iou (iu)	ian	iang	in
성모가 없을 때	ai	ao	an	ang	ei	en	eng	ya	ye	yao	you	yan	yang	yin
b	bai	bao	ban	bang	bei	ben	beng		bie	biao		bian		bin
p	pai	pao	pan	pang	pei	pen	peng		pie	piao		pian		pin
m	mai	mao	man	mang	mei	men	meng		mie	miao	miu	mian		min
f			fan	fang	fei	fen	feng							
d	dai	dao	dan	dang	dei	den	deng		die	diao	diu	dian		
t	tai	tao	tan	tang			teng		tie	tiao		tian		
n	nai	nao	nan	nang	nei	nen	neng		nie	niao	niu	nian	niang	nin
l	lai	lao	lan	lang	lei		leng	lia	lie	liao	liu	lian	liang	lin
g	gai	gao	gan	gang	gei	gen	geng							
k	kai	kao	kan	kang	kei	ken	keng							
h	hai	hao	han	hang	hei	hen	heng							
j								jia	jie	jiao	jiu	jian	jiang	jin
q								qia	qie	qiao	qiu	qian	qiang	qin
x								xia	xie	xiao	xiu	xian	xiang	xin
z	zai	zao	zan	zang	zei	zen	zeng							
c	cai	cao	can	cang		cen	ceng							
s	sai	sao	san	sang		sen	seng							
zh	zhai	zhao	zhan	zhang	zhei	zhen	zheng							
ch	chai	chao	chan	chang		chen	cheng							
sh	shai	shao	shan	shang	shei	shen	sheng							
r		rao	ran	rang		ren	reng							

iou에서 o를 빼고 iu로 씁니다.

한어병음표

ing	iong	ou	ong	ua	uo	uai	uan	uang	uei (ui)	uen (un)	ueng	üe	üan	ün	er
ying	yong	ou		wa	wo	wai	wan	wang	wei	wen	weng	yue	yuan	yun	er
bing															
ping		pou													
ming		mou													
		fou													
ding		dou	dong		duo		duan		dui	dun					
ting		tou	tong		tuo		tuan		tui	tun					
ning		nou	nong		nuo		nuan					nüe			
ling		lou	long		luo		luan			lun		lüe			
		gou	gong	gua	guo	guai	guan	guang	gui	gun					
		kou	kong	kua	kuo	kuai	kuan	kuang	kui	kun					
		hou	hong	hua	huo	huai	huan	huang	hui	hun					
jing	jiong											jue	juan	jun	
qing	qiong											que	quan	qun	
xing	xiong											xue	xuan	xun	
		zou	zong		zuo		zuan		zui	zun					
		cou	cong		cuo		cuan		cui	cun					
		sou	song		suo		suan		sui	sun					
		zhou	zhong	zhua	zhuo	zhuai	zhuan	zhuang	zhui	zhun					
		chou	chong	chua	chuo	chuai	chuan	chuang	chui	chun					
		shou		shua	shuo	shuai	shuan	shuang	shui	shun					
		rou	rong	rua	ruo		ruan		rui	run					

u를 w로 씁니다.

ü를 yu로 씁니다.

ü를 u로 씁니다.

uei에서 e를 빼고 ui로 씁니다.

uen에서 e를 빼고 un으로 씁니다.

동양북스 채널에서 더 많은 도서
더 많은 이야기를 만나보세요!

 ▶ 유튜브

 ⓘ 인스타그램

 blog 블로그

 🅟 포스트

 🅕 페이스북

 ⓒ 카카오뷰

외국어 출판 45년의 신뢰
외국어 전문 출판 그룹
동양북스가 만드는 책은 다릅니다.

45년의 쉼 없는 노력과 도전으로 책 만들기에 최선을 다해온
동양북스는 오늘도 미래의 가치에 투자하고 있습니다.
대한민국의 내일을 생각하는 도전 정신과 믿음으로 최선을 다하겠습니다.

동양북스